「日本語能力試験（JLPT）」対策

日本語総まとめ N4

NIHONGO SO-MATOME

佐々木仁子
松本紀子

多言語対応版

かんじ ことば

ask

翻訳リスト

（Lista de traduções、Daftar terjemahan、अनुवाद सूची、Listahan ng pag sasalin、
පරිවර්තන ලැයිස්තුව、ဘာသာပြန်စာရင်း）

各言語の翻訳が QR コードからご覧いただけます。

Tradução em português disponível por meio de código bidimensional.

Terjemahan Bahasa Indonesia dapat dilihat melalui kode batang dua dimensi.

तपाईंले QR कोडबाट नेपाली अनुवाद हेर्न सक्नुहुन्छ।

Maaaring tingnan ang pagsasalin sa tagalog mula sa dalawang-dimensional na code.

සිංහල භාෂා පරිවර්තනය QR කේතය භාවිතයෙන් බැලිය හැකිය.

မြန်မာဘာသာပြန်ကို၊ QRကုဒ်မှကြည့်ရှုနိုင်ပါသည်။

＊翻訳言語が追加されても、本書の QR コードはそのままお使いいただけます。

はじめに　Preface / Lời nói đầu

この本は

- ▶日本語能力試験（JLPT）N4 合格を目指す人
- ▶日常生活でよく使われる漢字・語彙を勉強したい人

のための漢字・語彙学習書です。

◆この本の特長◆

- 日本語能力試験（JLPT）N4 でよく出題される漢字約 200 字と約 300 の語彙を短い文や語句、イラストを使って 6 週間で効率よく学習できます。
- N4 受験対策だけでなく、日常生活で役に立つ漢字と語彙の勉強ができます。
- 1 週間に 1 回分、まとめ問題がついているので、理解の確認ができます。
- 翻訳がついているので、一人でも勉強できます。

がんばって勉強してください。

2023 年 7 月
佐々木仁子
松本紀子

This study book is for
·people studying for the N4 level JPLT
·people who wish to learn basic Japanese kanji and vocabulary for use in daily life

Special features of this book
·You can focus your six-week study on approximately 200 kanji and 300 vocabulary words that frequently appear on the N4 JLPT test.
·In addition, you will learn kanji and vocabularies that are useful in daily life.
·The included review tests will allow you to regularly check your progress.
·English and Vietnamese translation will allow you to study on your own.

Good luck!

Quyển sách này là sách học Hán tự - Từ vựng dành cho:
-Các bạn đặt mục tiêu thi đậu Kỳ thi Năng lực Nhật ngữ (JLPT) cấp độ N4
-Các bạn muốn học các Hán tự, từ vựng thường được sử dụng trong sinh hoạt thường ngày.

Đặc trưng của quyển sách này
-Có thể dùng các câu ngắn, cụm từ, tranh vẽ để học khoảng 200 Hán tự và 300 từ vựng thường được đưa ra trong Kỳ thi Năng lực Nhật ngữ (JLPT) cấp độ N4 trong 6 tuần một cách hiệu quả.
-Có thể học các Hán tự và từ vựng có ích trong sinh hoạt thường ngày chứ không chỉ là đối sách dự thi N4.
-Có bài tập tổng hợp mỗi tuần 1 lần nên bạn có thể kiểm tra mức độ hiểu bài.
-Có thể tự học một mình vì có phần dịch tiếng Anh - tiếng Việt.

Các bạn hãy cố gắng học nhé.

もくじ Table of Contets / Mục lục

「日本語能力試験」N4について

About the JLPT Level N4
Về "Kỳ thi Năng lực Nhật ngữ N4"

試験日

年２回（７月と１２月の初旬の日曜日）

※海外では７月の試験を行わない都市があります。

レベルと認定の目安

N4の認定の目安は「基本的な日本語を理解することができる」です。

試験科目と試験時間

言語知識（文字・語彙）＜25分＞　言語知識（文法）・読解＜55分＞　聴解＜35分＞

N４の合否の判定

「得点区分別得点」と、それらを合計した「総合得点」の二つで合否判定を行います。得点区分ごとに基準点が設けられており、一つでも基準点に達していない場合は、総合得点が高くても不合格になります。

総合得点		得点区分別得点			
		言語知識（文字・語彙・文法）・読解		聴解	
得点の範囲	合格点	得点の範囲	基準点	得点の範囲	基準点
0～180点	90点	0～120点	38点	0～60点	19点

試験日、実施日、出願の手続きのしかたなど、「日本語能力試験」の詳しい情報は、
日本語能力試験のウェブサイト　http://www.jlpt.jp をご参照ください。

<漢字> Kanji Hán tự

◆本書の第１週目～第３週目は漢字を勉強します。

In this book, the first to the third week of study are devoted to kanji.
Tuần thứ nhất ~ tuần thứ 3 của sách này bạn sẽ học Hán tự.

◇ここから翻訳リストが見られます。

You can see lists of translations from here.
Bạn có thể xem danh sách dịch từ đây.

◇まずここに書いてある問題を解いてみましょう。

First, answer the following question.
Trước tiên, hãy thử trả lời câu hỏi ở đây.

◇覚えたい漢字を提示しています。

This section introduces the kanji you will learn in the day's lesson.
Giới thiệu Hán tự các bạn cần nhớ.

第１週　漢字を勉強しましょう①

2日目　同・何・回

おぼえましょう かたちが にている 漢字 Similar-looking kanji / Hán tự có hình dạng gần giống nhau

漢字	読み	語	意味	例	
同 ĐỒNG	おな(-じ)	同じ	same / giống nhau		6
回 HỒI	カイ	１回、２回…何回	once, twice …how many times / 1 lần, 2 lần, ….mấy lần		6
	まわ(-る)	回る	turn / xoay, quay quanh		
晩 VÃN	バン	晩	night / buổi tối		12
		今晩	tonight / tối nay		
		毎晩	every night / mỗi tối		
勉 MIỄN	ベン	勉強する	study / học		10
進 TIẾN	すす(-む/-める)	進む	advance / tiến bộ, tiến lên	前に進む	11
		進める	move / đẩy nhanh, thúc đẩy	計画を進める	
集 TẬP	あつ(-まる/-める)	集まる	gather / tập hợp lại	駅前に集まる	12
		集める	collect / sưu tầm, tập hợp	切手を集める	
文 VĂN	ブン	文	sentence, text / văn		4
		文章	text, sentences / văn chương, câu văn		
作 TÁC	サク	作文	writing, composition / bài văn		7
	つく(-る)	作る	make / làm, tạo		
使 SỬ, SỨ	シ	大使館	embassy / đại sứ quán		8
	つか(-う)	使う	use / dùng, sử dụng		
便 TIỆN	ベン	便利な	convenient / tiện lợi		9
	ビン	郵便局	post office / bưu điện		

16■漢字 Kanji

◇覚えたいことばを提示しています。

This section introduces the vocabulary words that you will learn in the day's lesson.
Giới thiệu Từ vựng các bạn cần nhớ.

◆１日目から６日目は提示された漢字を勉強します。７日目はその週に勉強したことを確認するまとめ問題です。

From Day 1 to Day 6, you will study kanji provided. On Day 7, you will have a review test to check what you have learned during the week.

Các bạn sẽ học Hán tự được trình bày trong sách từ ngày thứ nhất đến ngày thứ 6. Ngày thứ 7 là bài tập tổng hợp để kiểm tra những gì bạn đã học trong tuần đó.

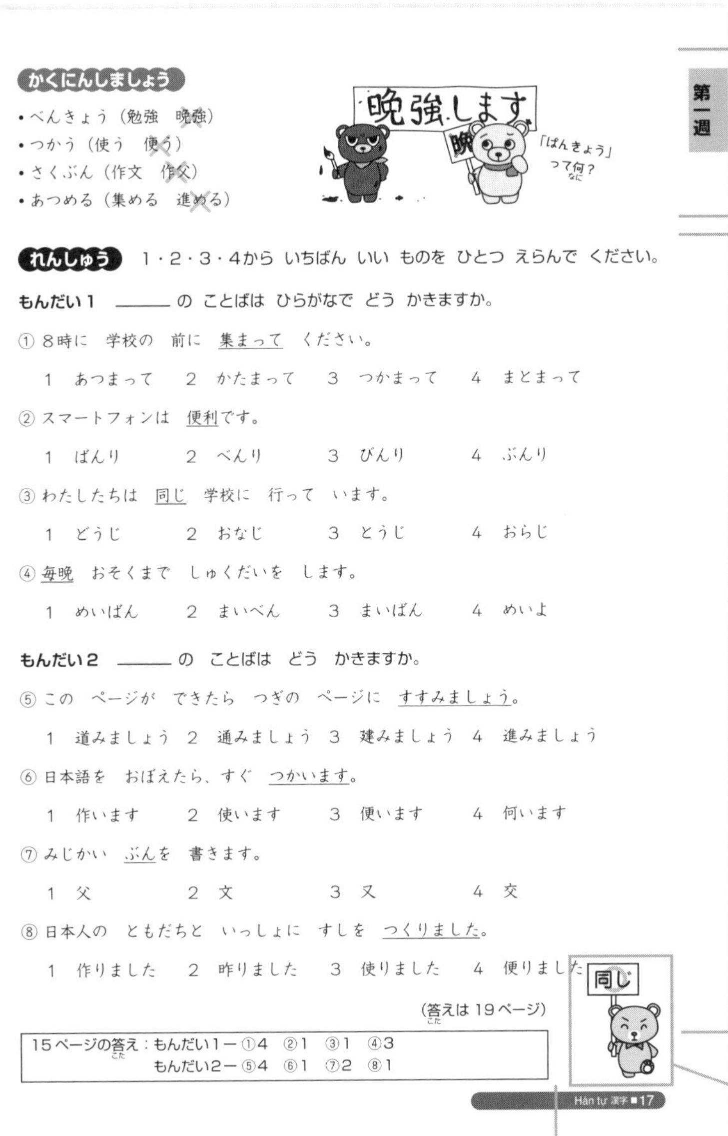

かくにんしましょう

- べんきょう（勉強　晩強）
- つかう（使う　便う）
- さくぶん（作文　作父）
- あつめる（集める　進める）

第一週

れんしゅう　1・2・3・4から いちばん いい ものを ひとつ えらんで ください。

もんだい１　＿＿＿の ことばは ひらがなで どう かきますか。

① 8時に　学校の　前に　集まって　ください。
　1　あつまって　2　かたまって　3　つかまって　4　まとまって

② スマートフォンは　便利です。
　1　ばんり　2　べんり　3　びんり　4　ぶんり

③ わたしたちは　同じ　学校に　行って　います。
　1　どうじ　2　おなじ　3　とうじ　4　おらじ

④ 毎晩　おそくまで　しゅくだいを　します。
　1　めいばん　2　まいべん　3　まいばん　4　めいよ

もんだい２　＿＿＿の ことばは どう かきますか。

⑤ この　ページが　できたら　つぎの　ページに　すすみましょう。
　1　道みましょう　2　通みましょう　3　建みましょう　4　進みましょう

⑥ 日本語を　おぼえたら、すぐ　つかいます。
　1　作います　2　使います　3　便います　4　何います

⑦ みじかい　ぶんを　書きます。
　1　父　2　文　3　又　4　交

⑧ 日本人の　ともだちと　いっしょに　すしを　つくりました。
　1　作りました　2　昨りました　3　使りました　4　便りました

（答えは19ページ）

15ページの答え：もんだい1ー①4　②1　③1　④3
　　　　　　　　もんだい2ー⑤4　⑥1　⑦2　⑧1

Hán tự 漢字 ■ 17

◇左ページで勉強した漢字の確認をします。イラストのセリフも読みながら楽しく勉強しましょう。

This section is to check the kanji you learned on the left-hand page. Also enjoy funny lines in illustrations.

Kiểm tra Hán tự đã học ở trang bên trái. Hãy vừa đọc lời thoại trong tranh vẽ vừa học thật vui nhé.

◇理解を確認するための練習問題です。答えは次の日の右ページ下にあります。

These are practice questions to check your understanding. Answers are at the bottom of the right-hand page of the next spread.

Bài Luyện tập để kiểm tra mức độ hiểu bài.

Câu trả lời nằm ở dưới trang bên phải của ngày tiếp theo.

◇左ページ上の問題の答えです。

This is the answer to the question at the top of the page to the left.

Câu trả lời của câu hỏi ở phía trên trang bên trái.

◇前の日の「れんしゅう」の答えです。

These are the answers to the previous day's questions.

Câu trả lời của phần “Luyện tập” của ngày hôm trước.

<ことば> Vocabulary Từ vựng

◆本書の第4週目～第6週目は語彙を勉強します。

In this book, the fourth to the sixth week of study are devoted to vocabulary.
Tuần thứ 4 ~ tuần thứ 6 của sách này bạn sẽ học Từ vựng.

◇ここから翻訳リストが見られます。

You can see lists of translations from here.
Bạn có thể xem danh sách dịch từ đây.

◇まずここに書いてある問題を解いてみましょう。

First, answer the following question.
Trước tiên, hãy thử trả lời câu hỏi ở đây.

◇覚えたいことばを提示しています。

This section introduces the vocabulary words that you will learn in the day's lesson.
Giới thiệu Từ vựng các bạn cần nhớ.

第4週　ことばを勉強しましょう①

2日目　どんな 気持ち？

Q. (　)に 入るのは？
テレビは (　　) から、見ません。

おぼえましょう 気持ちを あらわす ことば　Words that express feelings / Từ thể hiện tình cảm

きもち(気持ち)	feeling cảm giác, tình cảm	
うれしい	happy, glad vui sướng	
かなしい(悲しい)	sad buồn khổ	
さびしい(寂しい)	lonely buồn bã	
つまらない	boring chán	↔おもしろい
はずかしい(恥ずかしい)	feel ashamed of xấu hổ	
きもちわるい(気持ち悪い)	feel disgusting, feel sick kinh tởm, ghê	
しかたがない(仕方がない)	cannot help không còn cách nào khác	
ざんねんな(残念な)	regrettable tiếc, đáng tiếc	
いやな(嫌な)	displeasing, disgusting khó chịu	
がっかりする	be disappointed thất vọng	
しんぱいする(心配する)	worry lo lắng	
あんしんする(安心する)	be relieved an tâm	
びっくりする	be surprised ngạc nhiên	
おどろく(驚く)	be surprised bất ngờ, ngạc nhiên	※おどろく is a bit of a stiff expression. / "おどろく" là cách diễn đạt hơi trịnh trọng một chút.

使い方に 注意しましょう

・「心配して　います」＝「心配です」
・「安心しました」＝「安心です」
・「がっかり／びっくりしました」＝「がっかり／びっくりです」

64■ことば Vocabulary

◇注意点や、もっと覚えたいことばや表現を紹介しています。

This section introduces points to look out for, extra vocabulary and expressions that you should learn.
Giới thiệu điểm cần lưu ý và từ vựng, cách nói nên nhớ thêm.

◆１日目から６日目は提示された語彙を勉強します。７日目はその週に勉強したことを確認するまとめ問題です。

From Day 1 to Day 6, you will study the designated vocabulary. On Day 7, you will have a review test to check what you have learned during the week.
Các bạn sẽ học Từ vựng được trình bày trong sách từ ngày thứ nhất đến ngày thứ 6. Ngày thứ 7 là bài tập tổng hợp để kiểm tra những gì bạn đã học trong tuần đó.

かくにんしましょう

- 試合が　中止に　なって…………がっかりしました。／がっかりです。
- 試合に　まけて　しまって………ざんねんです。
- 家族に　会えなくて……………さびしいです。
- 大好きな　ペットが　死んで……かなしいです。

◇左ページで勉強した語彙の確認をします。イラストのセリフも読みながら楽しく勉強しましょう。

This section is to check the vocabulary words you learned on the left-hand page. Enjoy reading the funny lines in the illustrations.
Kiểm tra Từ vựng đã học ở trang bên trái. Hãy vừa đọc lời thoại trong tranh vẽ vừa học thật vui nhé.

れんしゅう　1・2・3・4から　いちばん　いい　ものを　ひとつ　えらんで　ください。

第四週

もんだい1　（　　）に　なにを　いれますか。

① 友だちが　国に　帰りますから、（　　）です。

　1　すずしい　　2　うれしい　　3　たのしい　　4　さびしい

② しゃしんは　（　　）から、とらないで　ください。

　1　やさしい　　2　めずらしい　3　はずかしい　4　いそがしい

もんだい2　＿＿の　ぶんと　だいたい　おなじ　いみの　ぶんは　どれですか。

③ ニュースを　見て　おどろきました。

　1　ニュースを　見て　がっかりしました。

　2　ニュースを　見て　あんしんしました。

　3　ニュースを　見て　しんぱいに　なりました。

　4　ニュースを　見て　びっくりしました。

もんだい3　つぎの　ことばの　つかいかたで　いちばん　いい　ものは　どれですか。

④しかたがない

1　じこで　車が　とおれない。しかたがないから、あるいて　行きます。

2　しごとも　ないし、よていも　ないし、今日は　とても　しかたがない。

3　先生、しかたがないんですが、今日は　じゅぎょうを　休みます。

4　このごろ　テレビを　見ない。どの　ばんぐみも　しかたがないから。

(答えは 67 ページ)

63 ページの答え：もんだい1－①4　②3　もんだい2－③2　もんだい3－④3

Từ vựng ことば■65

◇理解を確認するための練習問題です。
答えは次の日の右ページ下にあります。

These are practice questions to check your understanding.
Answers are at the bottom of the right-hand page of the next spread.
Bài Luyện tập để kiểm tra mức độ hiểu bài.
Câu trả lời nằm ở dưới trang bên phải của ngày tiếp theo.

◇左ページ上の問題の答えです。

This is the answer to the question at the top of the page to the left.
Câu trả lời của câu hỏi ở phía trên trang bên trái.

◇前の日の「れんしゅう」の答えです。

These are the answers to the previous day's questions.
Câu trả lời của phần "Luyện tập" của ngày hôm trước.

この本で使用しているマーク Marks used in this book / Các ký hiệu sử dụng trong sách này

◇ 特別な読みです。 This indicates "special reading of kanji" / Cách đọc đặc biệt.

↔ 反対の意味のことばです。 This indicates "antonyms" / Từ trái nghĩa.

✕ 間違った使い方です。 This indicates "incorrect usage" / Cách dùng sai.

＊ これも覚えましょう。 This indicates "extra vocabulary to learn" / Hãy nhớ cả từ này.

❗ 注意しましょう。 This indicates "things to be aware of" / Hãy chú ý.

＊漢字の下には漢越語を示しています。 A Sino-Vietnamese reading is shown under each kanji. / Có âm Hán Việt dưới các Hán tự.

第1週(だいしゅう)

漢字(かんじ)を勉強(べんきょう)しましょう①

Let’s study kanji ① / Hãy học Hán tự ①

1日目　通う・通る

Q. どう よみますか？
バスで 学校（がっこう）に 通って います。

おぼえましょう　よみが たくさん あるもの

Kanji with many readings
Chữ có nhiều cách đọc

漢字	よみ	ことば	意味	ことば	意味	画数
通 THÔNG	ツウ	交通（こうつう）	transportation, traffic / giao thông			10画
		普通（ふつう）	ordinary, normal / bình thường			
	とお（-る）	通る（とおる）	pass / đi qua, vượt qua	通り（とおり）	street / đường đi	
	かよ（-う）	通う（かよう）	commute, attend / lui tới (thường chỉ hành động đi và về như đi học, đi làm)			
降 GIÁNG, HÀNG	ふ（-る）	降る（ふる）	fall / (mưa, tuyết) rơi			10画
	お（-りる）	降りる（おりる）	get off / xuống (xe, tàu)	↔ 乗る（のる）		
品 PHẨM	ヒン	食料品（しょくりょうひん）	food and groceries / thực phẩm			9画
	しな	品物（しなもの）	goods / hàng hóa			
着 TRƯỚC, TRỨ	き（-る）	着る（きる）	wear / mặc	着物（きもの）	kimono / kimono	12画
	つ（-く）	着く（つく）	arrive / đến nơi			
物 VẬT	ブツ	動物（どうぶつ）	animal / động vật			8画
	モツ	荷物（にもつ）	luggage / hành lý			
	もの	物（もの）	thing, stuff / vật, đồ vật			
		食べ物（たべもの）	food / đồ ăn	建物（たてもの）	building / tòa nhà	
動 ĐỘNG	ドウ	動物（どうぶつ）	animal / động vật	運動（うんどう）	exercise / vận động, thể dục	11画
	うご（-く）	動く（うごく）	move / chuyển động, động đậy			
建 KIẾN	た（-てる）	建てる（たてる）	build / xây dựng	建物（たてもの）	building / tòa nhà	9画
		二階建て（にかいだて）	two-storied / nhà 2 tầng			
夜 DẠ	ヤ	今夜（こんや）	tonight / đêm nay			8画
	よる	夜（よる）	night / buổi tối			
風 PHONG	フウ	台風（たいふう）	typhoon / bão			9画
	かぜ	風（かぜ）	wind / gió	◇風邪（かぜ）	cold / cảm	
台 ĐÀI	ダイ	台所（だいどころ）	kitchen / nhà bếp			5画
		1台（だい）、2台（だい）、3台（だい）…（PC、TV、車（くるま）など）				
	タイ	台風（たいふう）	typhoon / bão			

かくにんしましょう

- 通り（とおり　とうり）
- バスを降りる（おりる　ふりる）
- 雨が降る（ふる　おる）
- 台風（たいふう　だいふう）

バスを降りたら雨が降っていた。

れんしゅう

1・2・3・4から　いちばん　いい　ものを　ひとつ　えらんで　ください。

もんだい１　＿＿＿の　ことばは　ひらがなで　どう　かきますか。

① 着物を　着て　みたいです。

１　ゆかた　　２　よかた　　３　こもの　　４　きもの

② 風邪を　ひきました。

１　かぜ　　２　かれ　　３　ふぜ　　４　ふうぜ

③ 会社は　あの　建物の　中に　あります。

１　たてもの　　２　たべもの　　３　たけもの　　４　けんぶつ

④ 母は　台所に　います。

１　だいところ　　２　たいしょ　　３　だいどころ　　４　だいしょ

もんだい２　＿＿＿の　ことばは　どう　かきますか。

⑤ この　店の　しなものは　高いです。

１　食品　　２　飲物　　３　建物　　４　品物

⑥ 駅に　ついたら　電話して　ください。

１　着いたら　　２　来たら　　３　通たら　　４　立いたら

⑦ おりる　前に　お金を　はらいます。

１　乗る　　２　降りる　　３　乗りる　　４　降る

⑧ ここは　どうぶつの　びょういんです。

１　動物　　２　食物　　３　建物　　４　荷物

（答えは 17 ページ）

2日目　同・何・回

おぼえましょう　かたちが にている 漢字(かんじ)

Similar-looking kanji
Hán tự có hình dạng gần giống nhau

漢字	読み方	ことば	意味	例	画数
同 ĐỒNG	おな（-じ）	同じ(おな)	same / giống nhau		6画
回 HỒI	カイ	1回(かい)、2回(かい)…何回(なんかい)	once, twice …how many times / 1 lần, 2 lần, ….mấy lần		6画
	まわ（-る）	回る(まわ)	turn / xoay, quay quanh		
晩 VÃN	バン	晩(ばん)	night / buổi tối		12画
		今晩(こんばん)	tonight / tối nay		
		毎晩(まいばん)	every night / mỗi tối		
勉 MIỄN	ベン	勉強する(べんきょう)	study / học		10画
進 TIẾN	すす（-む /-める）	進む(すす)	advance / tiến bộ, tiến lên	前(まえ)に進(すす)む	11画
		進める(すす)	move / đẩy nhanh, thúc đẩy	計画(けいかく)を進(すす)める	
集 TẬP	あつ（-まる /-める）	集まる(あつ)	gather / tập hợp lại	駅前(えきまえ)に集(あつ)まる	12画
		集める(あつ)	collect / sưu tầm, tập hợp	切手(きって)を集(あつ)める	
文 VĂN	ブン	文(ぶん)	sentence, text / văn		4画
		文章(ぶんしょう)	text, sentences / văn chương, câu văn		
作 TÁC	サク	作文(さくぶん)	writing, composition / bài văn		7画
	つく（-る）	作る(つく)	make / làm, tạo		
使 SỨ, SỬ	シ	大使館(たいしかん)	embassy / đại sứ quán		8画
	つか（-う）	使う(つか)	use / dùng, sử dụng		
便 TIỆN	ベン	便利な(べんり)	convenient / tiện lợi		9画
	ビン	郵便局(ゆうびんきょく)	post office / bưu điện		

かくにんしましょう

- べんきょう（勉強　晩強）
- つかう（使う　便う）
- さくぶん（作文　作父）
- あつめる（集める　進める）

れんしゅう　1・2・3・4から　いちばん　いい　ものを　ひとつ　えらんで　ください。

もんだい1　＿＿＿の　ことばは　ひらがなで　どう　かきますか。

① 8時に　学校の　前に　集まって　ください。

1　あつまって　　2　かたまって　　3　つかまって　　4　まとまって

② スマートフォンは　便利です。

1　ばんり　　2　べんり　　3　びんり　　4　ぶんり

③ わたしたちは　同じ　学校に　行って　います。

1　どうじ　　2　おなじ　　3　とうじ　　4　おらじ

④ 毎晩　おそくまで　しゅくだいを　します。

1　めいばん　　2　まいべん　　3　まいばん　　4　めいよ

もんだい2　＿＿＿の　ことばは　どう　かきますか。

⑤ この　ページが　できたら　つぎの　ページに　すすみましょう。

1　道みましょう　2　通みましょう　3　建みましょう　4　進みましょう

⑥ 日本語を　おぼえたら、すぐ　つかいます。

1　作います　　2　使います　　3　便います　　4　何います

⑦ みじかい　ぶんを　書きます。

1　父　　2　文　　3　又　　4　交

⑧ 日本人の　ともだちと　いっしょに　すしを　つくりました。

1　作りました　　2　昨りました　　3　使りました　　4　便りました

（答えは 19 ページ）

15ページの答え：もんだい1－①4　②1　③1　④3
もんだい2－⑤4　⑥1　⑦2　⑧1

第1週　漢字を勉強しましょう①

3日目　長い ↔ 短い

おぼえましょう　ペアで おぼえましょう　Learn these as pairs / Hãy nhớ theo từng cặp

漢字	読み	ことば	意味	画数
低 ĐÊ	ひく（-い）	低い（ひく）	low / thấp	7画
短 ĐOẢN	みじか（-い）	短い（みじか）	short / ngắn	12画
近 CẬN	キン	近所（きんじょ）	neighborhood / láng giềng	7画
		最近（さいきん）	recently / gần đây	
	ちか（-い）	近い（ちか）	close / gần	
		近く（ちか）	closely / nơi gần	
遠 VIỄN	エン	遠足（えんそく）	excursion / chuyến dã ngoại	13画
		遠慮する（えんりょ）	hesitate / ngần ngại	
	とお（-い）	遠い（とお）	far / xa	
弱 NHƯỢC	よわ（-い）	弱い（よわ）	weak / yếu	10画
強 CƯỜNG	キョウ	勉強する（べんきょう）	study / học	11画
	つよ（-い）	強い（つよ）	strong / mạnh	
暗 ÁM	くら（-い）	暗い（くら）	dark / tối	13画
明 MINH	メイ	説明（せつめい）	explanation / sự giải thích, thuyết minh	8画
	あか（-るい）	明るい（あか）	bright, cheerful / sáng, tươi vui	
	あ（-ける）	明けまして おめでとうございます（あ）	Happy New Year! / Chúc mừng năm mới	
		◇明日（あした）	tomorrow / ngày mai	
悪 ÁC	わる（-い）	悪い（わる）	bad / xấu	11画
利 LỢI	リ	便利な（べんり）	convenient / tiện lợi　↔ 不便な（ふべん）	7画
		利用する（りよう）	use / sử dụng	

かくにんしましょう

- （ねだんが）高い ↔ 安い　低い
- （せが）高い ↔ 低い　短い
- 便利な ↔ 不便な　不便利な
- 近い ↔ 遠い（とおい　とうい）

れんしゅう　1・2・3・4から いちばん いい ものを ひとつ えらんで ください。

もんだい1　＿＿＿の ことばは ひらがなで どう かきますか。

① 最近　よく　雨が　降りますね。

1　このごろ　　2　ちかごろ　　3　せいきん　　4　さいきん

② 明日の　晩、友だちと　会います。

1　あした　　2　あさって　　3　きのう　　4　おととい

③ 子どもたちは　遠足に　行きました。

1　うんそく　　2　えんそく　　3　いんそく　　4　とおそく

④ ここに　説明が　書いて　ありますから、読んで　ください。

1　しつめい　　2　えつめい　　3　せつめい　　4　しょうめい

もんだい2　＿＿＿の ことばは どう かきますか。

⑤ この　ズボンは　少し　みじかいです。

1　短い　　2　長い　　3　低い　　4　強い

⑥ きんじょに　ひっこして　来ました。どうぞ、よろしく。

1　台所　　2　近所　　3　便所　　4　名所

⑦ この　子は　からだが　よわいです。

1　弱い　　2　悪い　　3　遠い　　4　暗い

⑧ ここは　駅から　とおくて　不便です。

1　低くて　　2　強くて　　3　遠くて　　4　暗くて

（答えは 21 ページ）

17ページの答え：もんだい1－①1　②2　③2　④3
もんだい2－⑤4　⑥2　⑦2　⑧1

第1週　漢字を勉強しましょう①

4日目　旅行・有名

Q. どう よみますか？

旅行

おぼえましょう　発音（はつおん）に 注意（ちゅうい）しましょう　Be careful of pronunciation
Hãy chú ý phát âm

漢字	読み方	語彙	意味	画数
旅 LỮ	リョ	旅行（りょこう）	trip / du lịch	10画
		旅館（りょかん）	Japanese-style hotel / lữ quán (truyền thống kiểu Nhật)	
館 QUÁN	カン	美術館（びじゅつかん）	museum / bảo tàng mỹ thuật	16画
		大使館（たいしかん）	embassy / đại sứ quán	
有 HỮU	ユウ	有名（ゆうめい）な	famous / nổi tiếng	6画
去 KHỨ	キョ	去年（きょねん）	last year / năm ngoái	5画
主 CHỦ	シュ	主人（しゅじん）	husband / chồng (tôi), người chồng	5画
写 TẢ	シャ	写真（しゃしん）	photo, picture / ảnh chụp	5画
	うつ (-す)	写（うつ）す	copy / chụp ảnh	
真 CHÂN	シン	写真（しゃしん）	photo, picture / ảnh chụp	10画
	ま	真（ま）ん中（なか）	middle, center / chính giữa	
夕 TỊCH	ゆう	夕飯（ゆうはん）	supper, dinner / cơm tối	3画
		夕方（ゆうがた）	evening / chiều tối	
飯 PHẠN	ハン	ご飯（はん）	① rice ② meal / cơm	12画
		朝（あさ）ご飯（はん）・昼（ひる）ご飯（はん）・晩（ばん）ご飯（はん）		
方 PHƯƠNG	ホウ	両方（りょうほう）	both / cả hai	4画
	かた	あの方（かた）	that person(polite) / người ấy (kính ngữ)	
		～方（かた）	way to ~ / cách ~ (làm việc gì đó)	
		夕方（ゆうがた）	evening / chiều tối	

かくにんしましょう

- 時間（じかん　じけん）
- 有名（ゆうめい　ようめい）
- 去年（きょねん　きょうねん）
- 写真（しゃしん　ちゃちん）

れんしゅう　1・2・3・4から いちばん いい ものを ひとつ えらんで ください。

もんだい1　＿＿＿の ことばは ひらがなで どう かきますか。

① あの　建物は　有名です。

1　ゆめ　　2　ゆうめ　　3　ゆめい　　4　ゆうめい

② 夕飯は　何に　しましょうか。

1　ようはん　　2　ゆうはん　　3　やしょく　　4　よるごはん

③ 主人を　駅まで　むかえに　行きます。

1　しゅにん　　2　しゅじん　　3　しゅうにん　　4　しゅうじん

④ 日本で　旅館に　とまりました。

1　りょかん　　2　りょうかん　　3　ろかん　　4　よかん

もんだい2　＿＿＿の　ことばは　どう　かきますか。

⑤ ゆうがたから　風が　強く　なるでしょう。

1　夜方　　2　晩方　　3　夕方　　4　明方

⑥ じゅぎょうを　休んだので、友だちの　ノートを　うつしました。

1　写しました　　2　書しました　　3　真しました　　4　進しました

⑦ テーブルの　まんなかに　花が　おいて　あります。

1　万中　　2　門中　　3　間ん中　　4　真ん中

⑧ 外国を　りょこうしたいです。

1　流行　　2　旅行　　3　両行　　4　料行

（答えは23ページ）

19ページの答え：もんだい1ー ①4　②1　③2　④3 もんだい2ー ⑤1　⑥2　⑦1　⑧3

5日目　医者・歌手

店の 人（みせ の ひと）を なんと いう？

おぼえましょう　人（ひと）を あらわす 漢字（かんじ）

Kanji that describe people
Hán tự chỉ người

漢字	読み	ことば	意味	画数
医 Y	イ	医者（いしゃ）	doctor / bác sỹ	7画
		医学（いがく）	medical science / y học	
者 GIẢ	シャ	学者（がくしゃ）	scholar / học giả	8画
		歯医者（はいしゃ）	dentist / nha sỹ	
員 VIÊN	イン	店員（てんいん）	sales clerk / nhân viên cửa hàng	10画
		駅員（えきいん）	station staff / nhân viên nhà ga	
		会社員（かいしゃいん）	company employee / nhân viên công ty	
		銀行員（ぎんこういん）	bank clerk / nhân viên ngân hàng	
民 DÂN	ミン	国民（こくみん）	citizen, nation / quốc dân, nhân dân	5画
		市民（しみん）	citizen / thị dân, người dân	
歌 CA	カ	歌手（かしゅ）	singer / ca sỹ	14画
	うた	歌（うた）	song / bài hát	
	うた（-う）	歌う（うたう）	sing / hát	
運 VẬN	ウン	運転（うんてん）	driving, operation / lái (xe, tàu)	12画
		運転手（うんてんしゅ）	driver / tài xế	
		運動（うんどう）	exercise / vận động, thể dục	
転 CHUYỂN	テン	自転車（じてんしゃ）	bicycle / xe đạp	11画
説 THUYẾT	セツ	説明する（せつめいする）	explain / giải thích, thuyết minh	14画
		小説（しょうせつ）	novel / tiểu thuyết	
		小説家（しょうせつか）	novelist / nhà văn	
家 GIA	カ	家族（かぞく）	family / gia đình, gia quyến	10画
		家庭（かてい）	home / gia đình, nhà	
	いえ	家（いえ）	house, home / nhà	

かくにんしましょう

- 会社員　~~会社人~~
- 駅員　~~駅人~~
- 国民　~~国員~~
- 歌手　~~歌者~~
- 学者　~~学人~~

れんしゅう　1・2・3・4から　いちばん　いい　ものを　ひとつ　えらんで　ください。

もんだい１　＿＿＿　の　ことばは　ひらがなで　どう　かきますか。

① 勉強は　きらいですが、運動は　すきです。

1　うんてん　　2　うんどう　　3　ゆんどう　　4　うんどん

② 自転車で　駅まで　行きます。

1　じてんちゃ　　2　じどんちゃ　　3　じどうしゃ　　4　じてんしゃ

③ あたたかい　家庭を　作りたいです。

1　かてい　　2　かでい　　3　かたい　　4　かだい

④ 市民プールで　およぎます。

1　しにん　　2　しみん　　3　ちにん　　4　ちみん

もんだい２　＿＿＿　の　ことばは　どう　かきますか。

⑤ みんなで　カラオケに　行って、うたいました。

1　歌いました　　2　飲いました　　3　回いました　　4　音いました

⑥ お金が　あったら、いえを　建てたいです。

1　店　　2　校　　3　家　　4　門

⑦ これは　かぞくの　写真です。

1　家旅　　2　家族　　3　親族　　4　親旅

⑧ あの　てんいんさんは　明るくて　いい　人です。

1　店民　　2　店者　　3　店人　　4　店員

(答え(こた)は 25 ページ)

21 ページの答え(こた)：もんだい1ー ①4　②2　③2　④1 もんだい2ー ⑤3　⑥1　⑦4　⑧2

6日目　東・西・南・北

おぼえましょう　グループで おぼえましょう

Learn these as groups
Hãy nhớ theo nhóm

漢字	読み	ことば	意味	画数
朝 TRIỀU	チョウ	朝食(ちょうしょく)（＝朝ご飯(あさごはん)）	breakfast / điểm tâm (= cơm sáng)	12画
		◇今朝(けさ)	this morning / sáng nay	
昼 TRÚ	チュウ	昼食(ちゅうしょく)（＝昼ご飯(ひるごはん)）	lunch / bữa trưa (= cơm trưa)	9画
	ひる	昼(ひる)	daytime / buổi trưa	
		昼間(ひるま)	daytime / ban ngày	
春 XUÂN	はる	春(はる)	spring / mùa xuân	9画
		春休み(はるやすみ)	spring break / kỳ nghỉ xuân	
夏 HẠ	なつ	夏(なつ)	summer / mùa hè	10画
		夏休み(なつやすみ)	summer vacation / kỳ nghỉ hè	
秋 THU	あき	秋(あき)	fall / mùa thu	9画
冬 ĐÔNG	ふゆ	冬(ふゆ)	winter / mùa đông	5画
		冬休み(ふゆやすみ)	winter vacation / kỳ nghỉ đông	
京 KINH	キョウ	京都(きょうと)	Kyoto / Kyoto	8画
		東京(とうきょう)	Tokyo / Tokyo	
都 ĐÔ	ト	東京都(とうきょうと)	Tokyo Prefecture / thủ đô Tokyo	11画
	ツ	都合(つごう)が いい	convenient / thuận tiện	
府 PHỦ	フ	都道府県(とどうふけん)	the 47 prefectures of Japan / 47 tỉnh thành của Nhật	8画
県 HUYỆN	ケン	県(けん)	prefecture / tỉnh	9画
		青森県(あおもりけん)	Aomori Prefecture / tỉnh Aomori	
市 THỊ	シ	市民(しみん)	citizen / thị dân, người dân	5画
町 ĐINH	チョウ	～町(ちょう(まち))	~ Town(name of a town) / thị trấn ~	7画
	まち	町(まち)	town / phố	

かくにんしましょう

- 東　西　南　北
- 春　夏　秋　□
- 都　道　府　県
- 日　週　月　年

れんしゅう　1・2・3・4から　いちばん　いい　ものを　ひとつ　えらんで　ください。

もんだい１　＿＿＿の　ことばは　ひらがなで　どう　かきますか。

①明日は　ちょっと　都合が　悪いです。

1　とごう　　2　つごう　　3　ぐあい　　4　しあい

②昼間は　家に　いません。

1　ちゅうかん　　2　ちょうかん　　3　ひるま　　4　あいま

③都道府県は　ぜんぶで　47 です。

1　とどふけん　　2　とうどふけん　　3　とどふうけん　　4　とどうふけん

④夏休みに　旅行します。

1　ひるやすみ　　2　はるやすみ　　3　なつやすみ　　4　ふゆやすみ

もんだい２　＿＿＿の　ことばは　どう　かきますか。

⑤はるに　なったら、お花見を　します。

1　青　　2　春　　3　夏　　4　明

⑥ふゆは　山で　スキーを　します。

1　寒　　2　雪　　3　雨　　4　冬

⑦あきは　くだものが　おいしいです。

1　空　　2　米　　3　天　　4　秋

⑧とうきょうとは　人が　多いです。

1　東京都　　2　東京市　　3　東京町　　4　東京道

(答えは 28 ページ)

23 ページの答え：もんだい１ー ①2　②4　③1　④2 もんだい２ー ⑤1　⑥3　⑦2　⑧4

7日目　まとめ問題(もんだい)

Review Test /
Bài tập tổng hợp

時間(じかん)：15分(ふん)
1問(もん)5点(てん)×20問(もん)

点数(てんすう)
／100

(答(こた)えは別冊(べっさつ) p. 2)

もんだい1　＿＿の　ことばは　ひらがなで　どう　かきますか。1・2・3・4から　いちばん　いい　ものを　ひとつ　えらんで　ください。

1　今夜は　月が　明るいです。

1　こうや　　2　こんや　　3　こよい　　4　こんばん

2　郵便局で　荷物を　おくります。

1　にもつ　　2　にもの　　3　にぶつ　　4　にもち

3　暗い　ところで　本を　読むと、目が　悪く　なりますよ。

1　くらい　　2　くろい　　3　くれい　　4　くるい

4　この　日本の　小説家は　外国でも　有名です。

1　こせつか　　2　こせつや　　3　しょうせつか　　4　しょうせつや

5　去年は　2回、家族で　旅行を　しました。

1　こねん　　2　きょねん　　3　きゅねん　　4　ことし

6　今日は　雨も　降って　いるし、風も　強いです。

1　きょうい　　2　こわい　　3　つよい　　4　つおい

7　あの　歌手の　こえは　とても　低いです。

1　ひくい　　2　ひどい　　3　ふとい　　4　ほそい

8　「車の　運転が　できますか。」「ええ、できますが、遠い　ところは　ちょっと…。」

1　ぐんてん　　2　ゆんでん　　3　うんでん　　4　うんてん

9　台風が　近くまで　来て　いますから、気を　つけて　ください。

1　たいほん　　2　たいぷう　　3　たいふう　　4　だいふう

10　写真を　とりますから、動かないで　ください。

1　どかないで　　2　のかないで　　3　うごかないで　　4　いごかないで

もんだい2 ＿＿の ことばは どう かきますか。1・2・3・4から いちばん いい ものを ひとつ えらんで ください。

11 この 学校は 百年前に たてられました。

1 建てられました　　2 道てられました

3 通てられました　　4 進てられました

12 ふゆやすみに 青森県に あそびに 行きます。

1 春休み　　2 夏休み　　3 秋休み　　4 冬休み

13 この まちには 医者が いません。

1 道　　2 都　　3 市　　4 町

14 あの 建物は たいしかんです。

1 大使館　　2 美術館　　3 映画館　　4 図書館

15 この 通りは よるも にぎやかです。

1 夕　　2 晩　　3 夜　　4 昼

16 来月、しみんホールで コンサートが あります。

1 国民　　2 県民　　3 市民　　4 府民

17 どうやって つかうか、今から 説明を します。

1 作う　　2 便う　　3 利う　　4 使う

18 わたしの 家には パソコンが ３だい あります。

1 体　　2 代　　3 台　　4 回

19 スーパーで 食料ひんを 買います。

1 物　　2 品　　3 飯　　4 集

20 自転車で 近所を まわります。

1 回ります　　2 同ります　　3 通ります　　4 進ります

料理(りょうり)のレシピ　Cooking recipes / Công thức nấu ăn

漢字	読み	語	意味	画数
料 LIỆU	リョウ	料理(りょうり)	cooking / nấu ăn	10画
		食料品(しょくりょうひん)	food, groceries / thực phẩm	
理 LÝ	リ	理由(りゆう)	reason / lý do	11画
		地理(ちり)	geography / địa lý	
米 MỄ	こめ	米(こめ)	rice / gạo	6画
洗 TẨY	セン	洗濯(せんたく)する	do the laundry / giặt giũ	9画
	あら（-う）	洗(あら)う	wash / rửa	
		お手洗(てあら)い	bathroom, toilet / nhà vệ sinh	
野 DÃ	ヤ	野球(やきゅう)	baseball / bóng chày	11画
菜 THÁI	サイ	野菜(やさい)	vegetable / rau	11画
酒 TỬU	さけ	(お)酒(さけ)	① alcoholic drink / thức uống có cồn ② sake (rice wine) / rượu sakê	10画
肉 NHỤC	ニク	肉(にく)	meat / thịt	6画
		牛肉(ぎゅうにく)	beef / thịt bò	
		鳥肉(とりにく)	chicken / thịt gà	
		豚肉(ぶたにく)	pork / thịt heo	
味 VỊ	ミ	意味(いみ)	meaning / ý nghĩa	8画
		趣味(しゅみ)	hobby / sở thích	
		興味(きょうみ)	interest / sự quan tâm, hứng thú	
	あじ	味(あじ)	taste / vị, mùi vị, gia vị	

25ページの答(こた)え：もんだい1－①2　②3　③4　④3
　　　　　　　　　　もんだい2－⑤2　⑥4　⑦4　⑧1

第2週(だいしゅう)

漢字(かんじ)を勉強(べんきょう)しましょう②

Let's study kanji ② / Hãy học Hán tự ②

第2週　漢字を勉強しましょう②

1日目　映画・計画

おぼえましょう　ことばで よみを おぼえましょう　Learn the readings through words / Hãy nhớ cách đọc bằng từ vựng

漢字	よみ	ことば	いみ	画数
画 HỌA	ガ	映画（えいが）	movie / phim (điện ảnh)	8画
		漫画（まんが）	cartoon, comic book / manga (truyện tranh)	
	カク	計画（けいかく）	plan / kế hoạch	
映 ÁNH	エイ	映画（えいが）	movie / phim (điện ảnh)	9画
		映画館（えいがかん）	movie theater / rạp chiếu phim	
計 KẾ	ケイ	時計（とけい）	clock, watch / đồng hồ	9画
		計画（けいかく）	plan / kế hoạch	
図 ĐỒ	ズ	地図（ちず）	map / bản đồ	7画
	ト	図書館（としょかん）	library / thư viện	
事 SỰ	ジ	食事（しょくじ）	meal / bữa ăn	8画
		用事（ようじ）	errand, things to do / việc riêng	
	こと	仕事（しごと）	job, work / công việc	
仕 SĨ	シ	仕事（しごと）	job, work / công việc	5画
		仕方（しかた）	way of doing / cách làm	
用 DỤNG	ヨウ	用事（ようじ）	errand / việc riêng	5画
		用意（ようい）	preparation / chuẩn bị	
		利用する（りよう）	use / sử dụng	
地 ĐỊA	チ	地図（ちず）	map / bản đồ	6画
		地理（ちり）	geography / địa lý	
	ジ	地震（じしん）	earthquake / động đất	
鉄 THIẾT	テツ	地下鉄（ちかてつ）	subway / tàu điện ngầm	13画

かくにんしましょう

- 計画（けいかく　けいが）
- 地図（ちず　じず）
- 地下鉄（ちかてつ　じかてつ）
- 仕事（しごと　しじ）

れんしゅう　1・2・3・4から　いちばん　いい　ものを　ひとつ　えらんで　ください。

もんだい1　＿＿＿の　ことばは　ひらがなで　どう　かきますか。

① 夏休みは　図書館に　通います。

1　としょかん　　2　とうしょかん　　3　どしょかん　　4　とうしょうかん

② 用事が　ありますから、明日は　来られません。

1　よじ　　2　ようし　　3　ようじ　　4　よごと

③ あの　時計は　ちょっと　おくれて　いますね。

1　とけ　　2　とけい　　3　とけえ　　4　とかい

④ 母は　食事の　用意を　して　います。

1　しくじ　　2　しゃくじ　　3　しゅくじ　　4　しょくじ

もんだい2　＿＿＿の　ことばは　どう　かきますか。

⑤ いつも　地下鉄を　りようして　います。

1　利用して　　2　理由して　　3　料用して　　4　使用して

⑥ ねつが　ありますから、しごとを　休みます。

1　士事　　2　工事　　3　仕事　　4　使事

⑦ インターネットで　えいがを　見ます。

1　絵画　　2　映画　　3　漫画　　4　洋画

⑧ ちずを　見ないと、道が　わかりません。

1　池医　　2　池図　　3　地医　　4　地図

（答えは33ページ）

2日目　大・犬・太

おぼえましょう　かたちが にている 漢字（かんじ）　Similar-looking kanji
Hán tự có hình dạng gần giống nhau

漢字	読み	言葉	意味	画数
犬 KHUYỂN	いぬ	犬（いぬ）	dog / con chó	4画
太 THÁI	ふと（-い）	太い（ふと）	fat, chubby / mập	4画
	ふと（-る）	太る（ふと）	get fat / mập lên	
区 KHU	ク	区（く）	ward / quận	4画
思 TƯ	おも（-う）	思う（おも）	think / nghĩ	9画
		思い出す（おも・だ）	remember, recall / nhớ lại, nhớ ra	
知 TRI	し（-る）	知る（し）	know / biết	8画
		知らせる（し）	inform, notice / cho biết, thông báo	
和 HÒA	ワ	和室（わしつ）	Japanese-style room / phòng kiểu Nhật	8画
		和菓子（わがし）	Japanese sweets / bánh ngọt kiểu Nhật	
		平和（へいわ）	peace, harmony / hòa bình	
族 TỘC	ゾク	家族（かぞく）	family / gia đình	11画
		水族館（すいぞくかん）	aquarium / thủy cung	
青 THANH	あお	青（あお）	blue / màu xanh dương	8画
	あお（-い）	青い（あお）	blue / xanh dương	
光 QUANG	ひかり	光（ひかり）	light / ánh sáng	6画
	ひか（-る）	光る（ひか）	shine / chiếu sáng	
池 TRÌ	チ	電池（でんち）	battery / pin	6画
	いけ	池（いけ）	pond / ao	
別 BIỆT	ベツ	別の（べつ）	another, separate / ~ riêng, khác	7画
		特別な（とくべつ）	special / đặc biệt	
	わか（-れる）	別れる（わか）	separate / chia ly, tách biệt	

かくにんしましょう

- あお（青　~~春~~）
- ひかり（光　~~米~~）
- わしつ（和室　~~知室~~）
- かぞく（家族　~~家旅~~）
- ちかてつ（地下鉄　~~池下鉄~~）
- とくべつ（特別　~~特利~~）
- きたく（北区　~~北医~~）
- おもう（思う　~~悪う~~）

第二週

れんしゅう　1・2・3・4から　いちばん　いい　ものを　ひとつ えらんで　ください。

もんだい1　＿＿＿の　ことばは　ひらがなで　どう　かきますか。

① 家族で　旅行を　します。

1　こじょく　　2　かぞく　　3　こぞく　　4　かじょく

② ノートじゃなくて、別の　かみに　書いて　ください。

1　べつ　　2　れつ　　3　めつ　　4　べち

③ あの　太い　木は　何の　木ですか。

1　ふとい　　2　ふたい　　3　ふどい　　4　ふだい

④ 和室で　お茶を　飲みませんか。

1　こしつ　　2　ちゃしつ　　3　わしつ　　4　へや

もんだい2　＿＿＿の　ことばは　どう　かきますか。

⑤ しらない　人から　電話が　ありました。

1　別らない　　2　利らない　　3　知らない　　4　和らない

⑥ くやくしょへ　行って　来ます。

1　区　　2　市　　3　田　　4　医

⑦ あそこの　あおい　ひかりが　見えますか。

1　春い　光　　2　青い　光　　3　春い　米　　4　青い　米

⑧ 国へ　帰ったら、日本語を　使う　仕事を　しようと　おもいます。

1　重います　　2　意います　　3　悪います　　4　思います

（答（こた）えは 35 ページ）

31 ページの答（こた）え：もんだい1ー①1　②3　③2　④4
もんだい2ー⑤1　⑥3　⑦2　⑧4

3日目　起きる ↔ 寝る

「寒い」の
はんたいは？

おぼえましょう　ペアで おぼえましょう　Learn these as pairs
Hãy nhớ theo từng cặp

漢字	読み	言葉	意味		画数
寒 HÀN	さむ（-い）	寒い（さむ）	cold / lạnh		12画
暑 THỬ	あつ（-い）	暑い（あつ）	hot / nóng		12画
		蒸し暑い（む　あつ）	hot and humid / oi bức		
重 TRỌNG	おも（-い）	重い（おも）	heavy, serious / nặng		9画
軽 KHINH	かる（-い）	軽い（かる）	light, not serious / nhẹ		12画
広 QUẢNG	ひろ（-い）	広い（ひろ）	spacious, wide / rộng	↔ せまい	5画
元 NGUYÊN	ゲン	元気な（げんき）	fine, healthy / khỏe		4画
病 BỆNH	ビョウ	病院（びょういん）	hospital / bệnh viện		10画
		病気（びょうき）	sick, illness, disease / bệnh		
起 KHỞI	お（-きる /-こす）	起きる（お）	get up / thức dậy		10画
		起こす（お）	wake (someone) up / đánh thức		
寝 TẨM	ね（-る）	寝る（ね）	go to bed, sleep / ngủ		13画
		寝坊（ねぼう）	oversleep / ngủ nướng		
始 THỦY	はじ（-まる /-める）	始まる（はじ）	begin, start / ~ bắt đầu		8画
		始める（はじ）	start / bắt đầu ~		
終 CHUNG	お（-わる）	終わる（お）	finish, end / kết thúc		11画

かくにんしましょう

- せまい ⟺ 広い
- 寒い ⟺ 暑い
- 重い ⟺ 軽い
- 元気な ⟺ 病気の
- 起きる ⟺ 寝る
- 始まる ⟺ 終わる

れんしゅう 1・2・3・4から いちばん いい ものを ひとつ えらんで ください。

もんだい１ ＿＿＿ の ことばは ひらがなで どう かきますか。

① 病気で、学校を 休みました。

1 びょき　2 びゅうき　3 びょうき　4 びょおき

② この ノートパソコンは 軽いですね。

1 かるい　2 うすい　3 くらい　4 あかるい

③ もっと 広い アパートに ひっこします。

1 せまい　2 ひるい　3 すまい　4 ひろい

④ 明日は 早いから、もう 寝ます。

1 ねます　2 ねむます　3 にます　4 ねみます

もんだい２ ＿＿＿ の ことばは どう かきますか。

⑤ さあ、勉強を はじめよう。

1 始めよう　2 妹めよう　3 味めよう　4 明めよう

⑥ あついから、エアコンを つけて ください。

1 暑い　2 強い　3 重い　4 寒い

⑦ 会社は 何時に おわりますか。

1 通ります　2 降ります　3 押わります　4 終わります

⑧ 家族は みんな げんきです。

1 強気　2 元気　3 有気　4 短気

（答えは 37 ページ）

33 ページの答え：もんだい１－ ①2　②1　③1　④3
もんだい２－ ⑤3　⑥1　⑦2　⑧4

4日目　発音・注意

Q. どう よみますか？

研究

おぼえましょう

発音（はつおん）に 注意（ちゅうい）しましょう　Be careful of pronunciation / Hãy chú ý phát âm

漢字	読み	言葉	意味	画数
研 NGHIÊN	ケン	研究（けんきゅう）する	research / nghiên cứu	9画
究 CỨU	キュウ	研究室（けんきゅうしつ）	laboratory, research room / phòng nghiên cứu	7画
		研究生（けんきゅうせい）	research student / nghiên cứu sinh	
		研究者（けんきゅうしゃ）	researcher / nhà nghiên cứu	
住 TRÚ	ジュウ	住所（じゅうしょ）	address / địa chỉ	7画
	す（-む）	住（す）む	live / sống	
所 SỞ	ショ	場所（ばしょ）	place / nơi, địa điểm	8画
	ところ	所（ところ）	place / nơi	
		台所（だいどころ）	kitchen / nhà bếp	
注 CHÚ	チュウ	注意（ちゅうい）する	pay attention / chú ý	8画
		注文（ちゅうもん）する	order / đặt hàng, gọi món	
意 Ý	イ	意味（いみ）	meaning / ý nghĩa	13画
		意見（いけん）	opinion / ý kiến	
教 GIÁO	キョウ	教室（きょうしつ）	classroom / phòng học, lớp học	11画
		教育（きょういく）	education / giáo dục	
	おし（-える）	教（おし）える	teach / dạy	
発 PHÁT	ハツ	発音（はつおん）	pronunciation / phát âm	9画
		出発（しゅっぱつ）する	leave / xuất phát	
音 ÂM	オン	音楽（おんがく）	music / âm nhạc	9画
	おと	音（おと）	sound / tiếng động, âm thanh	
工 CÔNG	コウ	工業（こうぎょう）	industry / công nghiệp	3画
		工事（こうじ）	construction / công trường xây dựng	
業 NGHIỆP	ギョウ	授業（じゅぎょう）	class, lesson / giờ học	13画
		卒業（そつぎょう）	graduation / tốt nghiệp	

かくにんしましょう

- 注意（ちゅうい　じゅうい）
- 住所（じゅうしょ　ちゅうしょ）
- 教室（きょうしつ　きゅうしつ）
- 発音（はつおん　はちおん）

れんしゅう　1・2・3・4から　いちばん　いい　ものを　ひとつ　えらんで　ください。

もんだい1　＿＿＿の　ことばは　ひらがなで　どう　かきますか。

①明日は　日本語の　授業が　あります。

1　じぎょう　　2　じゅごう　　3　じゅぎょう　　4　ずごう

②８時に　ここを　出発します。

1　しゅはつ　　2　しゅばつ　　3　しゅうはつ　　4　しゅっぱつ

③あの　方は　日本語の　研究者です。

1　けんきゅうしゃ　　2　けんくうしゃ　　3　けんくうちゃ　　4　げんきゅうしゃ

④住所を　教えて　ください。

1　じゅしょ　　2　ちゅうしょ　　3　じゅうしょ　　4　しゅうしょ

もんだい2　＿＿＿の　ことばは　どう　かきますか。

⑤あの　道は　こうじを　して　います。

1　行事　　2　工事　　3　火事　　4　家事

⑥ことばの　いみを　しらべます。

1　意味　　2　意見　　3　言味　　4　言見

⑦雨の　おとが　聞こえます。

1　水　　2　下　　3　音　　4　降

⑧コンビニの　近くに　すんで　います。

1　住んで　　2　休んで　　3　飲んで　　4　読んで

（答えは39ページ）

35ページの答え：もんだい1ー①3　②1　③4　④1
もんだい2ー⑤1　⑥1　⑦4　⑧2

第2週　漢字を勉強しましょう②

5日目　号・番・全

Q. □には同じ(おな)漢字(かんじ)が入り(はい)ます。それは何(なに)？

□上　□下　□外

おぼえましょう　ことばを つくる 漢字(かんじ)

Kanji used to form words
Hán tự tạo nên từ

漢字	読み	ことば	意味		画数
以 DĨ	イ	以下(いか)	not exceeding / trở xuống		5画
		以上(いじょう)	not less than / trở lên		
		以外(いがい)	except / ngoại trừ		
内 NỘI	ナイ	以内(いない)	within / trong vòng		4画
		家内(かない)	my wife / vợ tôi		
		室内(しつない)	the inside of a room / trong nhà		
	うち	内側(うちがわ)	inside / bên trong	↔ 外側(そとがわ)	
代 ĐẠI	ダイ	時代(じだい)	period / thời đại		5画
		バス代(だい)	bus fare / tiền xe buýt		
	か（-わる）	代(か)わりに	instead of / thay cho		
号 HIỆU	ゴウ	番号(ばんごう)	number / số, mã số		5画
		102号室(ごうしつ)	room number 102 / phòng số 102		
番 PHIÊN	バン	交番(こうばん)	police box / đồn (bốt) cảnh sát		12画
		1番(ばん)、2番(ばん)…	number one, number two / thứ nhất, thứ nhì…		
		3番線(ばんせん)	platform three / tuyến thứ 3		
度 ĐỘ	ド	一度(いちど)	once, one time / 1 lần		9画
		今度(こんど)	next time / lần này, lần tới		
	タク	支度(したく)する	prepare, get ready / chuẩn bị		
全 TOÀN	ゼン	全部(ぜんぶ)	all / toàn bộ		6画
		安全(あんぜん)な	safe / an toàn		
		全然(ぜんぜん)～ない	it is not ～ at all / hoàn toàn không~		
洋 DƯƠNG	ヨウ	西洋(せいよう)	the West, western / phương Tây, Tây dương	↔ 東洋(とうよう)	9画
服 PHỤC	フク	服(ふく)	clothes / áo		8画
		洋服(ようふく)	western clothes / đồ tây, áo quần	↔ 和服(わふく)（＝着物(きもの) kimono）	

かくにんしましょう

- 千円以上 ↔ 千円以下
- 一週間以内
- 土日以外
- 1号車2番A Car1 Line2 Seat A / ghế số 2-A (toa) xe số 1
- 全部 ↔ 一部
- 洋室 ↔ 和室
- 一度＝一回

れんしゅう 1・2・3・4から いちばん いい ものを ひとつ えらんで ください。

もんだい1 ＿＿＿の ことばは ひらがなで どう かきますか。

① へやの　番号は　102 です。

1　ばんごう　　2　べんごう　　3　ぶんごう　　4　ぼんごう

② 家内は　日本語が　全然　わかりません。

1　やない　　2　かない　　3　しつない　　4　つま

③ わたしの　代わりに　家内が　行きます。

1　こわり　　2　かわり　　3　よわり　　4　だいわり

④ パーティーには　どんな　洋服を　着て　行きますか。

1　よふく　　2　おうふく　　3　わふく　　4　ようふく

もんだい2 ＿＿＿の ことばは どう かきますか。

⑤ タクシーだいは　いくらでしたか。

1　円　　2　金　　3　料　　4　代

⑥ こんどの　電車は　3番線に　まいります。

1　今回　　2　今区　　3　今席　　4　今度

⑦ 土日いがいは　家に　いません。

1　以上　　2　以内　　3　以外　　4　以下

⑧ あんぜんな　所へ　行きましょう。

1　安全　　2　安心　　3　安前　　4　安内

(答えは 41 ページ)

37 ページの答え：もんだい1－ ①3　②4　③1　④3 もんだい2－ ⑤2　⑥1　⑦3　⑧1

第2週　漢字を勉強しましょう②

6日目　赤・白・黄

ひとつだけ
ちがうのは
どれ？

おぼえましょう　グループで おぼえましょう　Learn these as groups
Hãy nhớ theo nhóm

漢字	読み方	ことば	意味	画数
妹 MUỘI	いもうと	妹（いもうと）	younger sister / em gái	8画
好 HẢO	す（-く）	好（す）きな	like, favorite / thích	6画
		大好（だいす）きな	precious / rất thích	
弟 ĐỆ	ダイ	兄弟（きょうだい）	brother / anh chị em	7画
	おとうと	弟（おとうと）	younger brother / em trai	
赤 XÍCH	あか	赤（あか）	red / màu đỏ	7画
		赤（あか）ちゃん	baby / em bé	
	あか（-い）	赤（あか）い	red / đỏ	
黄 HOÀNG	き	黄色（きいろ）	yellow / màu vàng	11画
		黄色（きいろ）い	yellow / vàng	
色 SẮC	いろ	色（いろ）	color / màu	6画
		茶色（ちゃいろ）	brown / màu nâu	
黒 HẮC	くろ	黒（くろ）	black / màu đen	11画
	くろ（-い）	黒（くろ）い	black / đen	
首 THỦ	くび	首（くび）	neck / cổ	9画
顔 NHAN	かお	顔（かお）	face / mặt	18画
頭 ĐẦU	あたま	頭（あたま）	head / đầu	16画

かくにんしましょう

- 父　母　妹　弟
- 赤　白　黒　□
- 頭　首　顔　耳
- 上　下　左　右

れんしゅう　1・2・3・4から　いちばん　いい　ものを　ひとつ　えらんで　ください。

もんだい 1　＿＿＿の　ことばは　ひらがなで　どう　かきますか。

① <u>黒い</u>　ペンで　書いて　ください。

1　くろい　　2　ころい　　3　きろい　　4　くるい

② <u>兄弟</u>は　何人ですか。

1　きょだい　　2　きゅだい　　3　きょうだい　　4　きゅうだい

③ <u>弟</u>が　二人います。

1　おとと　　2　おとうと　　3　おどうと　　4　おどと

④ <u>妹</u>さんは　お元気ですか。

1　いもと　　2　いもうと　　3　いもど　　4　いもうど

もんだい 2　＿＿＿の　ことばは　どう　かきますか。

⑤ あさから　ずっと　<u>あたま</u>が　いたいです。

1　頭　　2　顔　　3　題　　4　買

⑥ あの　動物は　<u>くび</u>が　長いです。

1　耳　　2　目　　3　首　　4　鼻

⑦ その　セーターは　<u>いろ</u>が　きれいですね。

1　色　　2　巴　　3　免　　4　晩

⑧ 赤ちゃんは　お母さんが　<u>だいすき</u>です。

1　大妹き　　2　大姉き　　3　大始き　　4　大好き

（答（こた）えは 44 ページ）

39 ページの答（こた）え：	もんだい1 ー ①1　②2　③2　④4
	もんだい2 ー ⑤4　⑥4　⑦3　⑧1

7日目　まとめ問題（もんだい）　Review Test / Bài tập tổng hợp

点数（てんすう）　／100

時間（じかん）：15分（ふん）
1問（もん）5点（てん）× 20問（もん）

（答（こた）えは別冊（べっさつ） p. 2）

もんだい1　＿＿の　ことばは　ひらがなで　どう　かきますか。1・2・3・4から　いちばん　いい　ものを　ひとつ　えらんで　ください。

1　<u>和服</u>は　全然　着る　チャンスが　ありません。

1　おふく　　2　わふく　　3　しふく　　4　きもの

2　<u>地下鉄</u>で　仕事に　行きます。

1　ちはてつ　　2　じはでつ　　3　ちかてつ　　4　じかてつ

3　夏休みの　<u>計画</u>を　します。

1　けいが　　2　けかく　　3　けえが　　4　けいかく

4　<u>用事</u>が　ありますから、お先に　しつれいします。

1　よじ　　2　ようじ　　3　ゆじ　　4　ゆうじ

5　<u>電池</u>が　なくなったんですが、新しい　のが　ありますか。

1　でんき　　2　でんし　　3　でんじ　　4　でんち

6　しんごうの　青は　進め、黄色は　<u>注意</u>、赤は　止まれ　という　意味です。

1　つうい　　2　しゅうい　　3　ちゅうい　　4　じゅうい

7　その　人の　<u>顔</u>は　わかりますが、名前が　思い出せません。

1　かわ　　2　かお　　3　かう　　4　こえ

8　この　ことばの　発音の　<u>仕方</u>を　教えて　ください。

1　しかた　　2　しほう　　3　しがた　　4　しよう

9　先生の　かばんは　<u>重い</u>ですね。

1　おむい　　2　おもい　　3　おおい　　4　じゅうい

10　<u>意見</u>の　ある人は　手を　上げて　ください。

1　いみ　　2　いけん　　3　いげん　　4　しつもん

もんだい2 ＿＿の ことばは どう かきますか。1・2・3・4から いちばん いい ものを ひとつ えらんで ください。

11 じゅぎょうが はじまりますから、教室に 入りましょう。

1 始まります　2 通ります　3 降ります　4 集まります

12 おそくなる ときは しらせて ください。

1 和らせて　2 知らせて　3 仕らせて　4 使らせて

13 おてらの いけに 赤や 黄色の 魚が います。

1 池　2 地　3 他　4 洋

14 日本語に ついて けんきゅうします。

1 勉強　2 説明　3 研究　4 教育

15 わたしの 大学は こうぎょう大学です。

1 工業　2 産業　3 行業　4 高業

16 うちの 犬は 毎朝 家族を おこします。

1 別こします　2 起こします　3 光こします　4 発こします

17 その 本は 1週間いないに かえして ください。

1 以上　2 以外　3 以内　4 以下

18 これで わたしの 話は おわります。

1 終わります　2 回ります　3 代わります　4 光ります

19 台所から なにか おとが 聞こえますね。

1 歌　2 事　3 音　4 首

20 この 荷物は かるいです。

1 広い　2 軽い　3 太い　4 寒い

建物の中のサイン Signs in a building / Các biển báo trong các tòa nhà

漢字	読み	語	意味	例	画数
取 THỦ	と (-る)	取る	take / lấy		8画
		取り替える	exchange, replace / đổi lấy, thay thế		
押 ÁP	お (-す)	押す	push / ấn, bấm, nhấn		8画
		押し入れ	closet / tủ (dạng âm tường)		
引 DẪN	ひ (-く)	引く	pull / kéo		4画
		引き出し	drawer / ngăn kéo, hộc tủ		
開 KHAI	あ (-く /-ける)	開く	(something) open (s) / ~ mở ra	ドアが 開く	12画
		開ける	open (something) / mở ~ ra	ドアを 開ける	
	ひら (-く)	開く	open (something) / mở ~ ra	ファイルを 開く	
閉 BẾ	し (-まる /-める)	閉まる	(something) close (s) / ~ đóng	ドアが 閉まる	11画
		閉める	close (something) / đóng ~ lại	ドアを 閉める	
止 CHỈ	シ	中止する	stop, cancel / hủy, ngưng		4画
		使用中止	out of service / ngưng sử dụng		
	と (-まる /-める)	止まる	stop / ~ dừng, ngưng		
		止める	stop / ngăn ~ lại, dừng ~ lại		

41ページの答え：もんだい1ー ①1 ②3 ③2 ④2
もんだい2ー ⑤1 ⑥3 ⑦1 ⑧4

第3週

漢字を勉強しましょう③

Let’s study kanji ③ /Hãy học Hán tự ③

1日目　部屋・土産

Q. どう よみますか？

部屋

おぼえましょう　特別（とくべつ）な よみを おぼえましょう

Learn these special readings
Hãy nhớ cách đọc đặc biệt

漢字	よみ	ことば	意味	画数
部 BỘ	ブ	部長（ぶちょう）	director, manager / trưởng phòng	11画
		全部（ぜんぶ）	all, everything / toàn bộ	
		学部（がくぶ）	school department / khoa (đại học)	
		◇ 部屋（へや）	room / phòng	
屋 ỐC	オク	屋上（おくじょう）	rooftop / tầng thượng	9画
	や	本屋（ほんや）	bookstore/ tiệm sách	
		花屋（はなや）	flower shop / tiệm hoa	
産 SẢN	サン	産業（さんぎょう）	industry / công nghiệp	11画
		◇ お土産（みやげ）	souvenir / quà đặc sản	
姉 TỈ	あね	姉（あね）	older sister / chị gái	8画
		◇ お姉さん（ねえ）	older sister / chị gái (kính ngữ)	
兄 HUYNH	キョウ	兄弟（きょうだい）	brother / anh chị em	5画
	あに	兄（あに）	older brother / anh trai	
		◇ お兄さん（にい）	older brother / anh trai (kính ngữ)	
世 THẾ	セ	世界（せかい）	world / thế giới	5画
		世話（せわ）を する	take care / chăm sóc	
界 GIỚI	カイ	世界中（せかいじゅう）	around the world / khắp thế giới	9画

ふくしゅうしましょう

○ お母さん・お父さん＝おかあさん・おとうさん　○ お兄さん＝おにいさん

○ 上手・下手＝じょうず・へた

○ 昨日・今日・明日＝きのう・きょう・あした／あす

❗ 午前中＝ごぜんちゅう　❗ 一日中＝いちにちじゅう

かくにんしましょう

- 世界中（せかいじゅう　せかいちゅう）
- 今日中（きょうじゅう　きょうちゅう）
- 部屋中（へやじゅう　へやちゅう）

れんしゅう　1・2・3・4から　いちばん　いい　ものを　ひとつ　えらんで　ください。

もんだい１　＿＿＿の　ことばは　ひらがなで　どう　かきますか。

① となりの　うちの　お姉さんは、いつも　妹の　世話を　して　います。

　1　おあねえさん　2　おねえさん　3　おあねさん　4　おねいさん

② 屋上から　花火を　見ましょう。

　1　やじょう　2　てんじょう　3　おくじょう　4　やねうえ

③ 兄は　世界中を　旅行して　います。

　1　しかいちゅう　2　しかいじゅう　3　せかいちゅう　4　せかいじゅう

④ ここで　お土産を　買いましょう。

　1　おみやげ　2　おみあげ　3　おにやげ　4　おどさん

もんだい２　＿＿＿の　ことばは　どう　かきますか。

⑤ あの　二人は　きょうだい　です。

　1　兄弟　2　弟兄　3　姉兄　4　妹弟

⑥ この　本は　もう　ぜんぶ　読みました。

　1　金部　2　全部　3　前部　4　大部

⑦ これから　わたしの　町の　さんぎょうに　ついて　話します。

　1　残業　2　工業　3　産業　4　事業

⑧ ほんやで　ざっしを　買いました。

　1　書店　2　本店　3　本屋　4　書屋

（答えは 49 ページ）

第3週　漢字を勉強しましょう③

2日目　持・待・特

おぼえましょう　同じ(おな) 部分(ぶぶん)の ある 漢字(かんじ)　Kanji with the same radicals
Hán tự có những phần giống nhau

漢字	読み方	語	意味	画数
持 TRÌ	も (-つ)	持(も)つ	have, hold / cầm, có	9画
		気持(きも)ち	feeling / cảm giác, tình cảm	
		お金持(かねも)ち	the rich / nhà giàu, giàu có	
待 ĐÃI	タイ	招待(しょうたい)する	invite / mời, chiêu đãi	9画
	ま (-つ)	待(ま)つ	wait / chờ đợi	
特 ĐẶC	トク	特急(とっきゅう)	special express / tốc hành	10画
		特別(とくべつ)な	special / đặc biệt	
		特(とく)に	particularly / đặc biệt là	
林 LÂM	はやし	林(はやし)	woods / rừng (có bàn tay con người can thiệp)	8画
村 THÔN	むら	村(むら)	village / làng	7画
森 SÂM	もり	森(もり)	forest / rừng (mang tính tự nhiên)	12画
曜 DIỆU	ヨウ	日(にち)／月(げつ)／火(か)／水(すい)／木(もく)／金(きん)／土(ど)／何曜日(なんようび)	day of the week / các thứ trong tuần (CN~ thứ Bảy) / thứ mấy	18画
濯 TRẠC	タク	洗濯(せんたく)する	do laundry / giặt giũ	17画
質 CHẤT	シツ	質問(しつもん)する	ask questions / hỏi, đặt câu hỏi	15画
問 VẤN	モン	問題(もんだい)	problem, question / vấn đề, câu hỏi	11画
題 ĐỀ	ダイ	宿題(しゅくだい)	homework / bài tập	18画

かくにんしましょう

- まつ（待つ　~~持つ~~）
- しつもん（質問　~~買門~~）
- むら（村　~~林~~）
- もんだい（問題　~~間題~~）
- せんたく（洗濯　~~洗曜~~）

れんしゅう　1・2・3・4から　いちばん　いい　ものを　ひとつ　えらんで　ください。

もんだい１　＿＿＿の　ことばは　ひらがなで　どう　かきますか。

① 宿題を　してから、テレビを　見ます。

1　すくだい　　2　しゅくだい　　3　ちゅくだい　　4　しょくだい

② 休みの　日は　そうじや　洗濯を　します。

1　せったく　　2　せいたく　　3　せんたく　　4　ぜいたく

③ 今日は　いい　天気で、気持ちが　いいです。

1　きまち　　2　きみち　　3　きむち　　4　きもち

④ すみません。質問しても　いいですか。

1　ちつもん　　2　しつもん　　3　しっもん　　4　ひつもん

もんだい２　＿＿＿の　ことばは　どう　かきますか。

⑤ むらの　まつりを　見に　行きましょう。

1　林　　2　村　　3　本　　4　森

⑥ 今日は　なんようびですか。

1　同曜日　　2　何濯日　　3　何曜日　　4　同濯日

⑦ あの　人は　おかねもちです。

1　お金持ち　　2　お金待ち　　3　お金特ち　　4　お金時ち

⑧ とっきゅうは　この　駅に　とまりません。

1　持急　　2　特急　　3　時急　　4　待急

（答えは 51 ページ）

47 ページの答え：もんだい１ー ①2　②3　③4　④1
もんだい２ー ⑤1　⑥2　⑦3　⑧3

第三週

第3週　漢字を勉強しましょう③

3日目　習う ↔ 教える

「買う」の
はんたいは？

おぼえましょう　ペアで おぼえましょう　Learn these as pairs / Hãy nhớ theo từng cặp

漢字	読み	ことば	意味	はんたい	画数
売 MẠI	う（-る）	売る（う）	sell / bán	↔ 買う（か）	7画
		売り場（う　ば）	sales floor / nơi bán		
借 TÁ	か（-りる）	借りる（か）	borrow, rent / mượn		10画
貸 THẢI	か（-す）	貸す（か）	lend / cho mượn	↔ 借りる（か）	12画
習 TẬP	シュウ	練習する（れんしゅう）	practice / luyện tập		11画
		予習する（よしゅう）	prepare for a lesson / học trước		
		復習する（ふくしゅう）	review / ôn tập		
		習慣（しゅうかん）	habit / thói quen, phong tục		
	なら（-う）	習う（なら）	learn / học, tập	↔ 教える（おし）	
座 TỌA	すわ（-る）	座る（すわ）	sit / ngồi	↔ 立つ（た）	10画
乗 THỪA	の（-る）	乗る（の）	ride, get on, get in / đi / lên (tàu, xe)	↔ 降りる（お）	9画
		乗り物（の　もの）	vehicle / phương tiện giao thông		
		乗り換える（の　か）	transfer, change / đổi tàu (xe)		
死 TỬ	し（-ぬ）	死ぬ（し）	die / chết	↔ 生きる（い） live / sống ↔ 生まれる（う） be born / chào đời, được sinh ra	6画
不 BẤT	フ	不便な（ふべん）	inconvenient / bất tiện	↔ 便利な（べんり）	4画

かくにんしましょう

- 売る ↔ 買う
- 貸す ↔ 借りる
- 習う ↔ 教える
- 座る ↔ 立つ
- 乗る ↔ 降りる
- 死ぬ ↔ 生きる、生まれる
- 便利な ↔ 不便な

第三週

れんしゅう 1・2・3・4から いちばん いい ものを ひとつ えらんで ください。

もんだい1 ＿＿＿の ことばは ひらがなで どう かきますか。

① どうぞ、好きな ところに 座って ください。

1 さわって　2 しわって　3 すわって　4 そわって

② 今、生け花を 習って います。

1 ならって　2 にらって　3 ぬらって　4 のらって

③ そんな 洋服は どこで 売って いますか。

1 かって　2 うって　3 ぬって　4 もって

④ 習ったら、よく 練習しましょう。

1 ねんしゅう　2 れんしゅう　3 よしゅう　4 ふくしゅう

もんだい2 ＿＿＿の ことばは どう かきますか。

⑤ 特急に のって 行きましょう。

1 降って　2 乗って　3 寝って　4 通って

⑥ この 本は 図書館で かりました。

1 借りました　2 買りました　3 貸りました　4 帰りました

⑦ かって いた 犬が しんで しまいました。

1 住んで　2 進んで　3 知んで　4 死んで

⑧ ペンを かして くれませんか。

1 借して　2 回して　3 貸して　4 書して

(答えは 53 ページ)

49 ページの答え：もんだい1ー①2　②3　③4　④2 もんだい2ー⑤2　⑥3　⑦1　⑧2

第3週　漢字を勉強しましょう③

4日目　体・薬

Q. どう よみますか？
ヘビは 体が 長(なが)いです。

おぼえましょう　発音(はつおん)と 書(か)き方(かた)に 注意(ちゅうい)しましょう　Be careful of pronunciation and writing / Hãy chú ý phát âm và cách viết

漢字	読み方	ことば	意味	画数
体 THỂ	からだ	体(からだ)	body / cơ thể	7画
働 ĐỘNG	はたら(-く)	働(はたら)く	work / làm việc, lao động	13画
薬 DƯỢC	くすり	薬(くすり)	medicine, drug / thuốc	16画
奥 ÁO, ÚC	おく	奥(おく)さん	wife / người vợ	12画
正 CHÍNH	ショウ	正月(しょうがつ)	the New Year / năm mới, Tết	5画
	ただ(-しい)	正(ただ)しい	correct, right / chính xác, đúng	
急 CẤP	キュウ	特急(とっきゅう)	special express / tốc hành	9画
		急行(きゅうこう)	express / (tàu) nhanh	
		急(きゅう)に	suddenly / thình lình, bất ngờ	
	いそ(-ぐ)	急(いそ)ぐ	hurry / gấp rút, vội vàng	
試 THÍ	シ	試合(しあい)	match / trận đấu	13画
験 NGHIỆM	ケン	試験(しけん)	test, exam / kỳ thi	18画
		経験(けいけん)する	experience / kinh nghiệm	
考 KHẢO	かんが(-える)	考(かんが)える	think / suy nghĩ	6画
心 TÂM	シン	安心(あんしん)する	feel relieved / an tâm　↔ 心配(しんぱい)する worry / lo lắng	4画
	こころ	心(こころ)	heart, mind / trái tim, tấm lòng	
声 THANH	こえ	声(こえ)	voice / tiếng nói	7画

かくにんしましょう

- 働く（はたらく　はらだく）
- 薬（くすり　すくり）
- 正しい（ただしい　たらしい）
- 考える（かんがえる　かんげる）

第三週

れんしゅう　1・2・3・4から　いちばん　いい　ものを　ひとつ　えらんで　ください。

もんだい１　＿＿＿の　ことばは　ひらがなで　どう　かきますか。

① 時間が　ないから、急ごう。

1　うそごう　　2　いそごう　　3　うさごう　　4　いさごう

② あの　人は　体が　大きくて、心が　やさしいです。

1　こころ　　2　ところ　　3　ことろ　　4　ととろ

③ 明日、試験ですから、今日は　勉強します。

1　しけん　　2　じけん　　3　しっけん　　4じっけん

④ 考えてから、作文を　書きます。

1　かんげえて　　2　かんがえて　　3　けんげえて　　4　けんがえて

もんだい２　＿＿＿の　ことばは　どう　かきますか。

⑤ おくさんは　お元気ですか。

1　お子さん　　2　お母さん　　3　奥さん　　4　家内さん

⑥ 日本では　おしょうがつに　おもちを　食べます。

1　正月　　2　新月　　3　小月　　4　生月

⑦ あした　バスケットボールの　しあいを　見に　行きます。

1　仕合　　2　試合　　3　試会　　4　仕会

⑧ 母は　薬屋で　はたらいて　います。

1　動いて　　2　労いて　　3　勤いて　　4　働いて

(答えは 55 ページ)

51 ページの答え：もんだい１ー ①3　②1　③2　④2
もんだい２ー ⑤2　⑥1　⑦4　⑧3

第3週　漢字を勉強しましょう③

5日目　親切・切手

Q. □には 同じ(おな) 漢字(かんじ)が 入ります(はい)。それは 何(なに)？

試□　都□

おぼえましょう　漢字(かんじ)の 組み合わせ(く あ)を おぼえましょう

Learn kanji combinations
Hãy nhớ sự kết hợp của Hán tự

漢字	読み	ことば	意味	画数
合 HỢP	ゴウ	合格する(ごうかく)	pass / (thi) đậu	6画
		都合がいい(つごう)	convenient / thuận tiện	
	あ (-う)	合う(あ)	meet, combine / hợp	
		間に合う(ま あ)	be in time / đúng giờ, kịp giờ	
		試合(しあい)	match / trận đấu	
漢 HÁN	カン	漢字(かんじ)	kanji, Chinese character / Hán tự	13画
字 TỰ	ジ	字(じ)	letter, character / chữ	6画
		文字(もじ)	letter, character / mẫu tự, chữ	
親 THÂN	シン	親切な(しんせつ)	kind, gentle / tử tế	16画
		両親(りょうしん)	parents / cha mẹ, song thân	
切 THIẾT	セツ	大切な(たいせつ)	precious, important / quan trọng	4画
	き (-る /-れる)	切る(き)	cut / cắt	
		切れる(き)	able to cut / bị cắt, đứt	
		切手(きって)	stamp / con tem	
		切符(きっぷ)	ticket / vé	
楽 LẠC	ガク	音楽(おんがく)	music / âm nhạc	13画
	たの (-しい /-しむ)	楽しい(たの)	fun / vui, vui vẻ	
		楽しむ(たの)	enjoy / thưởng thức	
自 TỰ	ジ	自分(じぶん)	self / bản thân	6画
		自動(じどう)	automatic / tự động	
		自由(じゆう)	freedom / tự do	
場 TRƯỜNG	ジョウ	工場(こうじょう)	factory / nhà máy	12画
		駐車場(ちゅうしゃじょう)	parking lot / bãi đỗ xe	
	ば	場所(ばしょ)	place / nơi, địa điểm	
室 THẤT	シツ	教室(きょうしつ)	classroom / phòng học, lớp học	9画
		会議室(かいぎしつ)	conference room / phòng họp	

かくにんしましょう

- 切手・大切・親切
- 自分・自動・自由
- 工場・場所・駐車場
- 教室・会議室
- 音楽・発□
- 漢字・文□

れんしゅう　1・2・3・4から　いちばん　いい　ものを　ひとつ　えらんで　ください。

第三週

もんだい１　＿＿＿＿の　ことばは　ひらがなで　どう　かきますか。

① N4の　試験に　合格しました。

1　ごかく　　2　ごうかく　　3　こうがく　　4　あいがく

② 文字が　小さいですから、もう少し　大きくして　ください。

1　もじ　　2　まじ　　3　ぶじ　　4　ぶんじ

③ パーティーの　時間と　場所を　きめましょう。

1　ぼしょ　　2　じょうしょ　　3　ばしょ　　4　じゅうしょ

④ あの　人は　わたしの　大切な　ともだちです。

1　だいじ　　2　でいじ　　3　だいせつ　　4　たいせつ

もんだい２　＿＿＿＿の　ことばは　どう　かきますか。

⑤ 今日は　とても　たのしかったです。

1　楽しかった　　2　薬しかった　　3　新しかった　　4　正しかった

⑥ 手紙に　きってを　はって　ください。

1　着物　　2　切手　　3　切符　　4　来手

⑦ 何時に　家を　出たら、じゅぎょうに　まにあうんですか。

1　真に会う　　2　間に会う　　3　真に合う　　4　間に合う

⑧ お昼ご飯は　じぶんで　作ります。

1　自分　　2　自由　　3　自動　　4　自力

（答えは57ページ）

53ページの答え：もんだい1ー ①2　②1　③1　④2
もんだい2ー ⑤3　⑥1　⑦2　⑧4

6日目　海・山・空・川

おぼえましょう　グループで　おぼえましょう　Learn these as groups
Hãy nhớ theo nhóm

漢字	読み	言葉	意味	画数
鳥 ĐIỂU	とり	鳥（とり）	bird / con chim	11画
		小鳥（ことり）	small bird / chim non	
銀 NGÂN	ギン	銀行（ぎんこう）	bank / ngân hàng	14画
堂 ĐƯỜNG	ドウ	食堂（しょくどう）	cafeteria / quán ăn	11画
		講堂（こうどう）	auditorium / giảng đường	
院 VIỆN	イン	病院（びょういん）	hospital / bệnh viện	10画
		入院する（にゅういん）	be hospitalized / nhập viện	
		大学院（だいがくいん）	graduate school / cao học	
歩 BỘ	ホ	散歩する（さんぽ）	take a walk / đi dạo, tản bộ	8画
	ある（-く）	歩く（ある）	walk / đi bộ	
走 TẨU	はし（-る）	走る（はし）	run / chạy	7画
海 HẢI	カイ	海岸（かいがん）	beach, shore / bờ biển	9画
	うみ	海（うみ）	the ocean / biển	
帰 QUY	かえ（-る）	帰る（かえ）	go home / về	10画

かくにんしましょう

- 牛　鳥　魚　□
- 海　山　空　川
- 行く　来る　帰る

- 歩く　走る　止まる
- 銀行　食堂　病院　□

第三週

れんしゅう　1・2・3・4から　いちばん　いい　ものを　ひとつ　えらんで　ください。

もんだい１　＿＿＿＿の　ことばは　ひらがなで　どう　かきますか。

① 母は　病院で　働いて　います。

　1　びよういん　　2　びようにん　　3　びょうにん　　4　びょういん

② 毎日、会社の　食堂で　昼ご飯を　食べます。

　1　しゅくどう　　2　しょくどう　　3　しょどう　　4　たべどう

③ 海岸を　散歩しましょう。

　1　さんぽ　　2　さんぶ　　3　さんぷ　　4　さんぼ

④ 海と　山と　どちらが　好きですか。

　1　うに　　2　うめ　　3　うみ　　4　かい

もんだい２　＿＿＿＿の　ことばは　どう　かきますか。

⑤ はしっても　バスには　間に合わないでしょう。

　1　走って　　2　歩って　　3　足って　　4　急って

⑥ 冬休みに　国へ　かえります。

　1　去ります　　2　行ります　　3　来ります　　4　帰ります

⑦ その　木に　ことりが　たくさん　集まります。

　1　子鳥　　2　小鳥　　3　白鳥　　4　赤鳥

⑧ ぎんこうで　お金を　送ります。

　1　鉄行　　2　銀工　　3　銀行　　4　鉄工

(答えは 60 ページ)

55 ページの答え：もんだい1ー ①2　②1　③3　④4
もんだい2ー ⑤1　⑥2　⑦4　⑧1

7日目　まとめ問題(もんだい)　Review Test / Bài tập tổng hợp

時間(じかん)：15分(ふん)
1問(もん)5点(てん)×20問(もん)

点数(てんすう)
／100

（答(こた)えは別冊(べっさつ) p. 3）

もんだい1　＿＿の　ことばは　ひらがなで　どう　かきますか。1・2・3・4から　いちばん　いい　ものを　ひとつ　えらんで　ください。

1　今週は　<u>都合</u>が　悪いので、来週に　して　くれませんか。

1　とごう　　2　つごう　　3　とあい　　4　つあい

2　姉は　花屋で　<u>働いて</u>　います。

1　はたらいて　　2　はだらいて　　3　はらだいて　　4　はらたいて

3　１日３回、この　<u>薬</u>を　飲んで　ください。

1　くつり　　2　くすり　　3　すくり　　4　つくり

4　１・２・３・４の　中から　<u>正しい</u>　ものを　一つ　えらんで　ください。

1　ただしい　　2　たらしい　　3　たろしい　　4　たのしい

5　食堂は　こんで　いますから、<u>教室</u>で　昼ご飯を　食べます。

1　きゅうしつ　　2　きゅうちつ　　3　きょうしつ　　4　きょうちつ

6　寝る　前に　<u>宿題</u>を　しなければ　なりません。

1　しゅくだい　　2　しょくだい　　3　ちゅくだい　　4　ちょくだい

7　妹は　世界中の　<u>お土産</u>を　集めて　います。

1　おみあげ　　2　おにあげ　　3　おみやげ　　4　おにやげ

8　<u>自由</u>に　お取りください。

1　じゅう　　2　じょう　　3　じゆう　　4　じよう

9　<u>部屋中</u>に　本が　あって、すわることも　できません。

1　へやちゅう　　2　へやじゅう　　3　ひやちゅう　　4　ひやじゅう

10　<u>正月</u>に　国へ　帰ります。

1　しゅうがつ　　2　しょうげつ　　3　しゅうげつ　　4　しょうがつ

もんだい2　＿＿の　ことばは　どう　かきますか。1・2・3・4から　いちばん　いい　ものを　ひとつ　えらんで　ください。

11　この　もんだいは　むずかしいですから、もう一度　復習しましょう。

1　門題　　2　間題　　3　問題　　4　聞題

12　ここは　少し　ふべんですが、森が　あって　好きです。

1　不便　　2　木便　　3　未便　　4　米便

13　病院の　中では　はしらないで　ください。

1　歩らないで　　2　足らないで　　3　止らないで　　4　走らないで

14　銀行で　お金を　かりて　家を　買いました。

1　貸りて　　2　借りて　　3　質りて　　4　売りて

15　朝、鳥の　こえで　起きます。

1　音　　2　鳴　　3　声　　4　心

16　こちらで　座って　おまちください。

1　お侍ち　　2　お持ち　　3　お特ち　　4　お待ち

17　この　ナイフは　よく　きれます。

1　着れます　　2　黄れます　　3　切れます　　4　気れます

18　時間が　ありませんから、いそいで　ください。

1　急いで　　2　忙いで　　3　走いで　　4　乗いで

19　部長の　奥さんは　とても　しんせつな　方です。

1　大切　　2　親切　　3　新説　　4　親説

20　それは　じどうドアです。

1　自動　　2　自働　　3　自転　　4　自同

第三週

漢字の部分の名前 Names of kanji radicals / Tên các phần của Hán tự

かんむり	くさかんむり	花・英・茶・菜・薬
	たけかんむり	答
	うかんむり	家・安・寒・室・寝
	あなかんむり	空・究
へん	にんべん	体・作・使・便・借・働
	きへん	村・林・校
	のぎへん	私・秋
	さんずい	海・池・注・洗・濯・漢
	いとへん	終・紙
にょう	しんにょう	道・近・遠・通・運・送
	えんにょう	建

漢字	読み	ことば	意味	画数
英 ANH	エイ	英語（えいご）	English / tiếng Anh	8画
茶 TRÀ	チャ	お茶（ちゃ）	(green) tea / trà	9画
		紅茶（こうちゃ）	black tea / hồng trà	
	サ	喫茶店（きっさてん）	coffee shop, café / quán nước	
答 ĐÁP	こた(-える/-え)	答える（こたえる）	answer / trả lời	12画
		答え（こたえ）	answer / câu trả lời	
紙 CHỈ	かみ	紙（かみ）	paper / giấy	10画
		手紙（てがみ）	letter / thư	
私 TƯ	わたくし	私（わたくし）	I(formal) / tôi (cách nói lịch sự)	7画
	わたし	私（わたし）	I / tôi	
送 TỐNG	ソウ	放送（ほうそう）	broadcast / phát thanh	9画
	おく(-る)	送る（おくる）	send / gửi	

57ページの答え：もんだい1ー①4　②2　③1　④3
もんだい2ー⑤1　⑥4　⑦2　⑧3

第4週

ことばを勉強しましょう①

Let's study vocabulary ① / Hãy học từ vựng ①

1日目　ひく・ふく・はく

Q.（　）に入(はい)るのは？

かぜを（　　）

おぼえましょう　にている ことば

Similar vocabulary
Từ gần giống nhau

ひく（引く）	pull kéo	↔おす（押す） push / đẩy, bấm, nhấn
	かぜを ひく（風邪を 引く） catch a cold / bị cảm	
	じしょを ひく（辞書を 引く） use a dictionary / tra từ điển	
ひく（弾く）	play kéo / chơi (đàn)	ギター/ピアノを ひく
ふく（吹く）	blow (gió) thổi	風(かぜ)が ふく
ふく（拭く）	wipe lau	手(て)を ふく
はく（掃く）	sweep quét	にわを はく
はく（吐く）	vomit nôn, ói	気分(きぶん)が 悪(わる)くて はく feel sick and vomit / thấy khó chịu và ói
はく	put on mặc (quần, váy), mang (giày, vớ)	（くつ/くつ下(した)/スカートなどを）はく
すく（空く）	おなかが 空く get hungry / đói bụng	
	（店(みせ)/電車(でんしゃ)などが）空く not crowded / (cửa tiệm / xe điện v.v.) trống, vắng	
		↔こむ（込む/混む） be crowded / đông đúc
つく（着く）	arrive đến nơi	駅(えき)に 着く

使(つか)い方(かた)に 注意(ちゅうい)しましょう

・「おなかが　空(す)いた」「風邪(かぜ)を　引(ひ)いた」
・「店(みせ)が　空(す)いて　いる」「風(かぜ)が　吹(ふ)いて　いる」

かくにんしましょう

- かぜが………ふく　~~ひく~~
- にわを………はく　~~ふく~~
- スカートを…はく　~~ひく~~
- ギターを……ひく　~~はく~~

かぜが ふいています。
わたしは スカートを はいて、
にわを はいて います。

れんしゅう　1・2・3・4から　いちばん　いい　ものを　ひとつ　えらんで　ください。

もんだい1　（　　）に　なにを　いれますか。

① 雨が　ふって　いますから、ながぐつを　（　　　）　行きましょう。

　1　ひいて　　　2　すいて　　　3　ふいて　　　4　はいて

② 手を　あらったら、タオルや　ハンカチで　（　　　）ましょう。

　1　はき　　　2　ひき　　　3　ふき　　　4　すき

もんだい2　＿＿の　ぶんと　だいたい　おなじ　いみの　ぶんは　どれですか。

③ <u>木のはが　たくさん　おちて　いますから、はきます。</u>

　1　木のはが　たくさん　おちて　いますから、気をつけます。

　2　木のはが　たくさん　おちて　いますから、そうじします。

　3　木のはが　たくさん　おちて　いますから、いっぱいです。

　4　木のはが　たくさん　おちて　いますから、くつに　つきます。

もんだい3　つぎの　ことばの　つかいかたで　いちばん　いい　ものは　どれですか。

④すく

　1　この　花は　3月か　4月に　<u>すきます</u>。

　2　からい　ものを　食べると　のどが　<u>すきます</u>。

　3　いつも　12時ごろに　おなかが　<u>すきます</u>。

　4　日本りょうりは　すしや　てんぷらが　<u>すきます</u>。

（答えは 65 ページ）

2日目　どんな 気持ち？

おぼえましょう　気持ちを あらわす ことば

Words that express feelings
Từ thể hiện tình cảm

きもち（気持ち）	feeling cảm giác, tình cảm	
うれしい	happy, glad vui sướng	
かなしい（悲しい）	sad buồn khổ	
さびしい（寂しい）	lonely buồn bã	
つまらない	boring chán	↔おもしろい
はずかしい（恥ずかしい）	feel ashamed of xấu hổ	
きもちわるい（気持ち悪い）	feel disgusting, feel sick kinh tởm, ghê	
しかたがない（仕方がない）	cannot help không còn cách nào khác	
ざんねんな（残念な）	regrettable tiếc, đáng tiếc	
いやな（嫌な）	displeasing, disgusting khó chịu	
がっかりする	be disappointed thất vọng	
しんぱいする（心配する）	worry lo lắng	
あんしんする（安心する）	be relieved an tâm	
びっくりする	be surprised ngạc nhiên	
おどろく（驚く）	be surprised bất ngờ, ngạc nhiên	※おどろく is a bit of a stiff expression. / "おどろく" là cách diễn đạt hơi trịnh trọng một chút.

使い方に 注意しましょう

・「心配して　います」＝「心配です」
・「安心しました」＝「安心です」
・「がっかり／びっくりしました」＝「がっかり／びっくりです」

かくにんしましょう

- 試合が　中止に　なって…………がっかりしました。／がっかりです。
- 試合に　まけて　しまって………ざんねんです。
- 家族に　会えなくて……………さびしいです。
- 大好きな　ペットが　死んで……かなしいです。

れんしゅう　1・2・3・4から　いちばん　いい　ものを　ひとつ　えらんで　ください。

もんだい1　（　　）に　なにを　いれますか。

① 友だちが　国に　帰りますから、（　　　）です。

1　すずしい　　2　うれしい　　3　たのしい　　4　さびしい

② しゃしんは　（　　　）から、とらないで　ください。

1　やさしい　　2　めずらしい　3　はずかしい　4　いそがしい

もんだい2　＿＿の　ぶんと　だいたい　おなじ　いみの　ぶんは　どれですか。

③ ニュースを　見て　おどろきました。

1　ニュースを　見て　がっかりしました。

2　ニュースを　見て　あんしんしました。

3　ニュースを　見て　しんぱいに　なりました。

4　ニュースを　見て　びっくりしました。

もんだい3　つぎの　ことばの　つかいかたで　いちばん　いい　ものは　どれですか。

④しかたがない

1　じこで　車が　とおれない。しかたがないから、あるいて　行きます。

2　しごとも　ないし、よていも　ないし、今日は　とても　しかたがない。

3　先生、しかたがないんですが、今日は　じゅぎょうを　休みます。

4　このごろ　テレビを　見ない。どの　ばんぐみも　しかたがないから。

（答えは 67 ページ）

63 ページの答え：もんだい1ー①4　②3　もんだい2ー③2　もんだい3ー④3

3日目　気分は どう？

おぼえましょう　まとめて おぼえましょう

Learn these all together
Hãy tóm lại và ghi nhớ

きぶん（気分）	feeling, mood cảm giác, tâm trạng	
びょうき（病気）を する/に なる	get sick bị bệnh	
けがを する	get injured bị thương	
だいじょうぶな（大丈夫な）	all right không sao, ổn	
むりな（無理な）	impossible không thể	**むりを する** do something too much, do the impossible / gượng ép, quá sức
やめる	stop, quit bỏ, ngưng	
きがえる（着がえる）	change clothes thay đồ	
はきかえる	change shoes/pants/skirts thay (giày, vớ, quần, váy)	
いれかえる（入れ替える）	change, replace thay thế	
つれていく（連れて行く）	take a person dẫn đi	
もっていく（持って行く）	take a thing đem đi	
むかえにいく（迎えに行く）	pick up a person đi đón	
おくりにいく（送りに行く）	see a person off đi tiễn, đi đưa	
（お）べんとう（弁当）	lunch box cơm hộp	

ことばを ふやしましょう　いく・くる go - come / đi - đến

日本へ　**行く**　→日本へ　**来る**
おべんとうを　**もって行く**　→おべんとうを　**もって来る**
日本へ　かぞくを　**つれて行く**　→日本へ　かぞくを　**つれて来る**
駅へ　ともだちを　**むかえに行く**　→駅へ　ともだちが　**むかえに来る**

かくにんしましょう

れんしゅう　1・2・3・4から　いちばん　いい　ものを　ひとつ　えらんで　ください。

もんだい1　（　　）に　なにを　いれますか。

① サッカーを　して　いて、足に　（　　　）を　して　しまいました。

1　むり　　2　びょうき　　3　けが　　4　かぜ

② とけいの　でんちを　（　　　）。

1　きがえます　2　のりかえます　3　いれかえます　4　はきかえます

もんだい2　＿＿の　ぶんと　だいたい　おなじ　いみの　ぶんは　どれですか。

③ タバコを　やめるのは　むりです。

1　タバコを　すっては　いけません。

2　タバコを　すうのは　からだに　わるいです。

3　タバコを　やめることは　できません。

4　タバコを　やめることは　むずかしくないです。

もんだい3　つぎの　ことばの　つかいかたで　いちばん　いい　ものは　どれですか。

④ むかえに行く

1　りょうしんが　国へ　かえるので、くうこうへ　むかえに行きます。

2　むかえに行きますから、駅に　ついたら、でんわして　ください。

3　この　にもつを　ゆうびんきょくへ　むかえに行きます。

4　今年の　なつ休みは　子どもを　うみへ　むかえに行きます。

(答えは 69 ページ)

65 ページの答え：もんだい1－①4　②3　もんだい2－③4　もんだい3－④1

第四週

第4週　ことばを勉強しましょう①

4日目　朝の 支度

おぼえましょう　日課を あらわす ことば　Words that express daily routines / Từ thể hiện những việc làm hàng ngày

めが さめる（目が 覚める）	wake up tỉnh dậy	
シャワーを あびる（浴びる）	take a shower tắm (vòi sen)	
みがく（磨く）	polish đánh	くつ、まどガラスを **みがく** polish shoes/windows / đánh giày, lau kính cửa sổ はを **みがく** brush teeth / đánh răng
やる	①（＝する） do / làm	しゅくだいを **やる**
	②（＝あげる） give / cho	ネコに えさを **やる** feed the cat / cho mèo ăn 花に 水を **やる** water the flowers / tưới nước cho hoa
おこす（起こす）	wake up đánh thức	人を **起こす**
かたづける（片付ける）	clean up, tidy up dọn dẹp	部屋を **かたづける**
せんたくする（洗濯する）	do the laundry giặt giũ	
アイロンを かける	iron ủi đồ	シャツに **アイロンを かける**
すてる（捨てる）	throw away vứt, bỏ	↔ **ひろう（拾う）** pick up / nhặt ゴミを **すてる** throw trash away / vứt rác
でかける（出かける）	leave for, go out ra ngoài	
したく（支度）	preparation chuẩn bị （＝用意／準備）	出かける **したくを** する
かぎを かける	lock khóa	

ことばを ふやしましょう　…機 machine / máy….

そうじする（掃除する）→そうじき（掃除機） vacuum cleaner / máy hút bụi

せんたくする（洗濯する）→せんたくき（洗濯機） washing machine / máy giặt

かくにんしましょう

- はを……………………みがく　~~ふく~~
- シャワーを…………あびる　~~とる~~
- テーブルの　上を…ふく　~~あらう~~
- かおや　手を………あらう　~~せんたくする~~

れんしゅう　1・2・3・4から　いちばん　いい　ものを　ひとつ　えらんで　ください。

もんだい１　（　　）に　なにを　いれますか。

① あさ　７時に　かぞくを（　　　）。

1　おします　　2　おきます　　3　ひきます　　4　おこします

② ゴミを　あつめて（　　　）。

1　すてます　　2　おこします　　3　はきます　　4　みがきます

もんだい２　＿＿の　ぶんと　だいたい　おなじ　いみの　ぶんは　どれですか。

③ 出かける　したくを　します。

1　そうじや　せんたくを　します。

2　ペットの　せわを　します。

3　うちを　出る　じゅんびを　します。

4　ごはんの　ようい を　します。

もんだい３　つぎの　ことばの　つかいかたで　いちばん　いい　ものは　どれですか。

④ かたづける

1　そうじきで　へやを　かたづけます。

2　つくえの　上や　ひきだしの　中を　かたづけます。

3　ドアに　かぎを　かたづけます。

4　シャツを　アイロンで　かたづけます。

（答えは 71 ページ）

67 ページの答え：もんだい1 ー ①3　②3　もんだい2 ー ③3　もんだい3 ー ④2

5日目　はじめ・はじめて・はじめに

おぼえましょう　まちがいやすい ことば　Words that are easy to mistake / Từ dễ nhầm lẫn

はじめは（初めは）	at first, in the beginning đầu tiên là, lúc bắt đầu	
はじめて（初めて）	for the first time lần đầu tiên	
はじめに（始めに）…つぎに	first…, next… đầu tiên là….tiếp theo là	
おもう（思う）	think, feel nghĩ	いいと 思います。
かんがえる（考える）	think, consider suy nghĩ	よく 考えましょう。
おぼえる（覚える）	memorize ghi nhớ	新(あたら)しい ことばを おぼえます。
	おぼえて いる remember / nhớ, thuộc	
おもいだす（思い出す）	recall, remember nhớ lại, nhớ ra	国(くに)を 思い出す
まわる（…が 回る）	turn, revolve ~ xoay, quay quanh	＊…を まわす（回す）
まがる（…が 曲がる）	turn, curve, bend ~ cong, quẹo, rẽ	＊…を まげる（曲げる） まっすぐ 行(い)って、つぎの かどを 右(みぎ)に まがって ください。
すわる（座る）	sit down ngồi	
さわる（触る）	touch sờ	
なる	become trở nên	
ならう（習う）	learn học, tập	
ならぶ（…が 並ぶ）	line up ~ xếp hàng, được sắp xếp	＊…を ならべる（並べる）
なれる（…に 慣れる）	get used to… quen với ~	日本(にほん)の 生活(せいかつ)に なれる

かくにんしましょう

• きのう、新(あたら)しい　ことばを　おぼえましたが、もう　おぼえて　いません。　おぼえません
　　　　　　　　　　　　　　（＝知(し)りました）　　　　（＝わすれました）

• あ、今(いま)、おもいだしました。　おぼえました
　　　（＝わかります）

れんしゅう　1・2・3・4から　いちばん　いい　ものを　ひとつ　えらんで　ください。

第四週

もんだい1　（　　）に　なにを　いれますか。

① あの　しんごうを　左に　（　　　）　ください。

　1　まがって　　2　まげて　　3　まわして　　4　まわって

② あぶないですから、それに　（　　　）　ください。

　1　すわないで　　2　なれないで　　3　ならないで　　4　さわらないで

もんだい2　＿＿の　ぶんと　だいたい　おなじ　いみの　ぶんは　どれですか。

③ 日本の　食べものに　まだ　なれません。

　1　日本の　食べものが　とても　すきです。

　2　日本の　食べものが　あまり　すきじゃ　ありません。

　3　日本の　食べものを　食べたことが　ありません。

　4　日本の　食べものを　食べて　みたいです。

もんだい3　つぎの　ことばの　つかいかたで　いちばん　いい　ものは　どれですか。

④ はじめて

1　はじめて　お金を　入れて、それから　ボタンを　おします。

2　はじめて　むずかしかったですが、だんだん　おもしろく　なりました。

3　きのう　はじめて　さしみを　食べました。

4　3ばんせんの　電車が　はじめて　出ます。

（答(こた)えは 73 ページ）

69 ページの答(こた)え：もんだい1ー①4　②1　もんだい2ー③3　もんだい3ー④2

6日目 ふとい ↔ ほそい

Q.（ ）に 入るのは？
こい コーヒーが いい？
（　　）ほうが いい？

おぼえましょう ペアで おぼえましょう

Learn these as pairs
Hãy nhớ theo từng cặp

こい(濃い)	thick, dark, strong đậm, đặc	こい コーヒー　　こい 色
↔ うすい(薄い)	thin, weak nhạt, lợt	うすい コーヒー　　うすい 色
あつい(厚い)	thick dày	あつい 紙 ＊暑い 日 hot day / ngày nóng nực　　＊熱い お茶 hot tea / trà nóng
↔ うすい(薄い)	thin, weak mỏng	うすい 紙 thin paper / giấy mỏng
あさい(浅い)	shallow nông, cạn	あさい 川
↔ ふかい(深い)	deep sâu	ふかい 川
ほそい(細い)	thin ốm, thon	ほそい ペン
↔ ふとい(太い)	thick, fat mập	太い ペン　　太い うで big arm / cánh tay (to) mập
よわい(弱い)	weak yếu	↔ つよい(強い)、じょうぶな(丈夫な) healthy, solid / mạnh, chắc, khỏe
かたい	hard cứng	↔ やわらかい soft / mềm
きびしい(厳しい)	harsh, strict nghiêm khắc, khắc nghiệt	↔ やさしい(優しい) gentle, kind / hiền lành, dễ chịu
うるさい	loud, noisy ồn ào	↔ しずかな(静かな) quiet / yên tĩnh
にぎやかな	lively, busy náo nhiệt	にぎやかな 通り busy street / con đường náo nhiệt にぎやかな クラス lively class / lớp học náo nhiệt ↔ しずかな(静かな) quiet / yên tĩnh
まずい	bad taste, disgusting dở	↔ おいしい

ことばを ふやしましょう ［-しい］のつく ことば

たのしい(楽しい) fun, enjoyable / vui vẻ
すずしい(涼しい) cool / mát mẻ
ただしい(正しい) correct / đúng, chính xác
めずらしい(珍しい) rare / quý, hiếm

かくにんしましょう

- （うすい　~~よわい~~）お茶(ちゃ)
- （にぎやかな　~~いそがしい~~）通(とお)り
- （ふとい　~~あつい~~）ペン

れんしゅう　1・2・3・4から　いちばん　いい　ものを　ひとつ　えらんで　ください。

第四週

もんだい１　（　　）に　なにを　いれますか。

① となりの　家の　人たちが　（　　　）　ねむれません。

　1　うすくて　　2　まずくて　　3　きびしくて　　4　うるさくて

② そこは　（　　　）ですから、こちらで　およぎましょう。

　1　かたい　　2　ふかい　　3　うすい　　4　ほそい

もんだい２　＿＿の　ぶんと　だいたい　おなじ　いみの　ぶんは　どれですか。

③ <u>おとうとは　体が　じょうぶです。</u>

　1　おとうとは　体が　あつくて　ふかいです。

　2　おとうとは　体が　ほそくて　しずかです。

　3　おとうとは　体が　ふとくて　やわらかいです。

　4　おとうとは　体が　つよくて　げんきです。

もんだい３　つぎの　ことばの　つかいかたで　いちばん　いい　ものは　どれですか。

④ まずい

　1　あの　人は　うるさくて　<u>まずい</u>です。

　2　この　にくは　かたくて　<u>まずい</u>です。

　3　<u>まずい</u>　子どもたちに　食べものや　本を　あげます。

　4　せいかつは　<u>まずい</u>ですが、毎日　たのしいです。

（答(こた)えは 76 ページ）

71 ページの答(こた)え：もんだい1ー①1　②4　もんだい2ー③2　もんだい3ー④3

7日目 まとめ問題 Review Test / Bài tập tổng hợp

点数 ／100

時間：20分
1問5点×20問

(答えは別冊 p. 3)

もんだい1 （　）に なにを いれますか。1・2・3・4から いちばん いい ものを ひとつ えらんで ください。

1 会いたかった 人に 会えて、（　　）です。

1 やさしい　2 すずしい　3 かなしい　4 うれしい

2 ごはんを 食べますから、テーブルを （　　） ください。

1 はいて　2 ふいて　3 ひいて　4 すいて

3 くつを ぬいで、スリッパに （　　） ください。

1 きがえて　2 のりかえて　3 はきかえて　4 いれかえて

4 早く （　　） ので、ちょっと 買いものを してから 行きます。

1 すいた　2 ついた　3 きいた　4 はいた

5 びょうきなら、（　　） を しないで ください。

1 けが　2 かぜ　3 むり　4 なり

6 あさ おきたら、シャワーを （　　）。

1 かけます　2 あびます　3 とります　4 ふきます

7 この トレーニングは （　　） ですが、やくに たちます。

1 きびしい　2 さびしい　3 すずしい　4 ただしい

8 もう 日本に （　　）。

1 なりました　2 ならいました　3 ならびました　4 なれました

9 かぎを （　　） のを わすれました。

1 かく　2 かかる　3 かける　4 やめる

10 かぞくが 日本に 来ますから、くうこうへ （　　） 行きます。

1 むかえに　2 おくりに　3 つれて　4 もって

もんだい2　＿＿の　ぶんと　だいたい　おなじ　いみの　ぶんが　あります。1・2・3・4から　いちばん　いい　ものを　ひとつ　えらんで　ください。

11　わからない　ことばは　じしょを　ひきます。

1　わからない　ことばを　じしょで　しらべます。

2　わからない　ことばに　せんを　ひきます。

3　わからない　ことばを　じしょに　かきます。

4　わからない　ことばに　チェック　します。

12　まどの　ガラスを　みがきます。

1　まどの　ガラスを　きれいに　わります。

2　まどの　ガラスを　きれいに　します。

3　まどの　ガラスを　きれいに　あらいます。

4　まどの　ガラスを　きれいに　はきます。

13　この　名前は　めずらしいです。

1　この　名前は　たくさん　あります。

2　この　名前は　にんきが　あります。

3　この　名前は　すくないです。

4　この　名前は　はずかしいです。

14　雨ですが、しかたがないので、出かけます。

1　雨ですから、出かけたくないですが、行きます。

2　雨ですが、かさが　ないので、あとで　行きます。

3　雨ですから、出かけなければ　なりません。

4　雨ですが、すぐに　やみますから、出かけます。

15　その　マンガは　ちょっと　きもちわるいです。

1　その　マンガは　あまり　おもしろくないです。

2　その　マンガは　見ると、いやな　きもちに　なります。

3　その　マンガを　見ても、よく　わかりません。

4　その　マンガは　あまり　にんきが　ありません。

もんだい3　つぎの　ことばの　つかいかたで　いちばん　いい　ものを　1・2・3・4から　ひとつ　えらんで　ください。

16　おぼえる

1　毎日　新しい　ことばを　おぼえます。

2　国の　かぞくの　ことを　いつも　おぼえます。

3　日本の　食べものは　おいしいと　おぼえます。

4　わすれて　いた　ことを　今　おぼえます。

17　まわる

1　ダンサーが　くるくる　まわって　います。

2　つぎの　かどを　左に　まわって　ください。

3　おとが　小さかったから、これを　右に　まわって。

4　はしを　まわって　まっすぐ　行って　ください。

18　かたづける

1　ビールを　れいぞうこで　かたづけます。

2　かおを　あらって　はを　かたづけます。

3　つくえの　ひきだしの　中を　かたづけます。

4　シャツを　せんたくきで　かたづけます。

19　むり

1　うちに　ある　ものを　また　買うのは　むりです。

2　むりを　して　びょうきに　なりました。

3　わたしは　ぶたにくが　むりを　します。

4　むりですから、しんぱいしないで　ください。

20　こい

1　ねむい　ときは　こい　おちゃを　飲みます。

2　こい　本ですね。何ページ　あるんですか。

3　こいですから、電気を　つけましょう。

4　あの　川は　こいから、あぶないです。

73ページの答え：もんだい1ー①4　②2　もんだい2ー③4　もんだい3ー④2

第5週
だい　しゅう

ことばを勉強しましょう②
べんきょう

Let's study vocabulary ② / Hãy học từ vựng ②

第5週　ことばを勉強しましょう②

1日目　さがる・さげる・おりる

Q.（　）に入(はい)るのは？
ねつが（　　）
よかった。

おぼえましょう　ペアで おぼえましょう　Learn these as pairs
Hãy nhớ theo từng cặp

さがる（下がる）	go down ~ hạ xuống	ねつが 下がる
↔あがる（上がる）	go up ~ tăng lên	ねだんが 上がる
さげる（下げる）	lower hạ ~ xuống	ねつを 下げる
↔あげる（上げる）	raise nâng, tăng ~ lên	ねだんを 上げる
おりる（下りる）		かいだんを 下りる go down the stairs / xuống cầu thang
↔のぼる（上る／登る）		かいだんを 上る go up the stairs / lên cầu thang 山(やま)に 登る climb a mountain / leo núi
おりる（降りる）		電車(でんしゃ)を 降りる get off the train / xuống tàu điện
↔のる（乗る）		電車(でんしゃ)に 乗る get on the train / lên tàu điện
へる（減る）	decrease giảm	↔ふえる（増える） increase / tăng
だす（出す）		Aから Bを 出す put B out of A / lấy B từ A ra
↔いれる（入れる）		Aに Bを 入れる put B in A / cho B vào A
おくれる（遅れる）	be late trễ, muộn	電車(でんしゃ)が おくれる the train is late / tàu điện bị trễ じゅぎょうに おくれる be late for class / trễ giờ học
↔まにあう（間に合う）	be in time đúng giờ, kịp giờ	電車(でんしゃ)に 間に合う be on time for the train / kịp tàu điện
だめな	bad, not good không được, không ổn	↔だいじょうぶな（大丈夫な） great, all right / ổn, không sao

かくにんしましょう

- あがる　↔ さがる
- いれる　↔ だす
- まにあう ↔ おくれる
- ふえる　↔ へる

れんしゅう　1・2・3・4から　いちばん　いい　ものを　ひとつ　えらんで　ください。

もんだい1　（　　）に　なにを　いれますか。

① この　かいだんを　（　　　）　左に　行くと、コンビニが　あります。

1　おりて　　2　さげて　　3　さがって　　4　おちて

② あぶないから、ポケットから　手を　（　　　）　あるきましょう。

1　でて　　2　だして　　3　はいって　　4　いれて

もんだい2　＿＿の　ぶんと　だいたい　おなじ　いみの　ぶんは　どれですか。

③ さいふに　お金を　いれました。

1　さいふの　お金が　へりました。

2　さいふから　お金が　でました。

3　さいふに　お金が　はいって　います。

4　さいふに　お金が　いります。

もんだい3　つぎの　ことばの　つかいかたで　いちばん　いい　ものは　どれですか。

④ まにあう

1　あの　先生は　いつも　じゅぎょうを　まにあいます。

2　はしらなくても、その　電車には　まにあいます。

3　友だちと　会うときは、いつも　ここで　まにあいます。

4　日本の　バスは　とても　まにあいます。

（答(こた)えは 81 ページ）

第5週　ことばを勉強しましょう②

2日目　どの人？

おぼえましょう　人の ようすを あらわす ことば　Words that describe people's appearances / Từ thể hiện trạng thái của con người

わかい(若い)	young trẻ	↔としとった(年取った)
(お)としより(年寄り)	old person già, người già	
やせる	lose weight, become thinner ốm, gầy	やせている人
ながい(長い)	long dài	かみが長い人
かける		めがねを かける wear glasses / đeo kính
かぶる		ぼうしを かぶる wear a hat / đội nón
さす		かさを さす hold an umbrella / che dù
まじめな(真面目な)	serious, diligent, honest nghiêm túc, chăm chỉ	
にる(似る)	look like giống nhau, tương tự	わたしは 母に にている。
うたう(歌う)	sing hát	カラオケで 歌う。
おどる(踊る)	dance nhảy, múa	歌いながら おどる。
はしる(走る)	run chạy	公園を 走る。

ことばを ふやしましょう　…ちゅう(中)＝…している during ~, among ~ / đang…..

食事中(＝食べている)　勉強中(＝勉強している)
仕事中(＝仕事している)　使用中(＝使っている)

かくにんしましょう

• 歌っている

• おどっている

• 走っている

• 勉強中

れんしゅう　1・2・3・4から　いちばん　いい　ものを　ひとつ　えらんで　ください。

もんだい1（　　）に　なにを　いれますか。

① あそこで　おどって　いる　かみの　（　　　）　人は　だれですか。

1　わかい　　2　ながい　　3　ふとい　　4　ほそい

② あの　人は　ピアノを　ひきながら　（　　　）　います。

1　うたって　　2　はしって　　3　かぶって　　4　やせて

第五週

もんだい2　＿＿の　ぶんと　だいたい　おなじ　いみの　ぶんは　どれですか。

③ あの　学生は　とても　まじめです。

1　あの　学生は　今　べんきょうして　います。

2　あの　学生は　じゅぎょうに　よく　おくれます。

3　あの　学生は　休まないで、よく　べんきょうします。

4　あの　学生は　とても　あたまが　いいです。

もんだい3　つぎの　ことばの　つかいかたで　いちばん　いい　ものは　どれですか。

④ にる

1　空が　くらく　なって　きて、雨に　にて　います。

2　わたしは　かおが　父に　にて　います。

3　ネコが　あたたかい　ところで　にて　います。

4　あなたは　白い　シャツが　とても　にて　います。

（答えは 83 ページ）

79 ページの答え：もんだい1 — ①1　②2　もんだい2 — ③3　もんだい3 — ④2

第5週　ことばを勉強しましょう②

3日目　どうやって？

Q. （　）に入(はい)るのは？
洗剤(せんざい)を入(い)れて、
このボタンを
（　　）動(うご)きます。

おぼえましょう　文(ぶん)でおぼえましょう　Learn these as part of a phrase / Hãy nhớ bằng câu văn

どうやって	how, in what way làm cách nào	
せんざい（洗剤）	detergent bột giặt	
うごく（動く）	move, work chuyển động, động đậy	きかいが 動く
とまる（止まる）	stop ngưng, dừng	きかいが 止まる
おす（押す）	push đẩy, bấm, nhấn	↔ひく（引く） pull / kéo
きえる（消える）		電気(でんき)が 消える the lights go out / đèn (điện) tắt 火(ひ)が 消える a flame goes out / lửa tắt 字(じ)が 消える characters disappear / chữ biến mất
けす（消す）		電気(でんき)を 消す turn off a light/ tắt (đèn) điện 火(ひ)を 消す put out a fire / tắt lửa 字(じ)を 消す erase words / xóa chữ
ひらく（開く）	open mở ra	ファイルを 開く
どうろ（道路）	road, street đường lộ, con đường	どうろを わたる cross a street / băng qua đường
わたる（渡る）		はしを わたる cross a bridge / băng qua cầu
あんぜんな（安全な）	safe an toàn	↔きけんな（危険な）（＝危(あぶ)ない） ＊あんぜんに（安全に） safely / một cách an toàn
しんごう（信号）	traffic lights tín hiệu giao thông	

ことばを ふやしましょう　自動(じどう) automatic / tự động

自動車(じどうしゃ)（＝車(くるま)）　自動販売機(じどうはんばいき) vending machine / máy bán hàng tự động
自動ドア(じどう)

かくにんしましょう

「どうろは　どうやって　わたる？」

・右と　左を　よく　見て、安全(あんぜん)に　わたろう。

・この　ボタンを　押(お)して、しんごうが　青(あお)に　なったら　わたろう。

れんしゅう　1・2・3・4から　いちばん　いい　ものを　ひとつ　えらんで　ください。

もんだい1　（　　）に　なにを　いれますか。

① はしを　（　　　）　まっすぐ　行くと、　左に　小学校が　あります。

1　まがって　　2　おどって　　3　わたって　　4　おして

② お金を　入れて　ボタンを　（　　　）、飲みものが　出て　きます。

1　おくと　　2　おりると　　3　おすと　　4　おちると

もんだい2　＿＿＿の　ぶんと　だいたい　おなじ　いみの　ぶんは　どれですか。

③ メールで　おくって　もらった　ファイルが　ひらけません。

1　メールで　おくって　もらった　ファイルが　きえません。

2　メールで　おくって　もらった　ファイルは　あんぜんでは　ありません。

3　メールで　おくって　もらった　ファイルを　見ることが　できません。

4　メールで　おくって　もらった　ファイルを　けして　しまいました。

もんだい3　つぎの　ことばの　つかいかたで　いちばん　いい　ものは　どれですか。

④ きえる

1　この　けしゴムを　つかえば　きれいに　きえます。

2　じしんが　おきたら、すぐに　火を　きえます。

3　せんたくが　おわったら、せんたくきは　きえます。

4　もうすぐ　しんごうが　きいろから　あかに　きえます。

（答(こた)えは 85 ページ）

81 ページの答(こた)え：もんだい1 ー ①2　②1　もんだい2 ー ③3　もんだい3 ー ④2

第五週

第5週　ことばを勉強しましょう②

4日目　試験の 勉強

Q.（　）に 入るのは？
時間が（　　）、
もう一度
チェックしましょう。

おぼえましょう　勉強の 仕方を あらわす ことば　Words that express studying methods / Từ thể hiện cách học

まちがえる(間違える)	make a mistake, be wrong sai, nhầm	
のこる(残る)	remain, be left over còn lại	食べ物が のこる ＊食べ物を のこす(残す)
あまる(余る)	be in excess, be left over dư	時間が あまる
たりる(足りる)	be sufficient, be enough đủ	↔たりない(足りない)
チェックする	check kiểm tra	
しらべる(調べる)	look up, research tìm hiểu, tra	
しつもんする(質問する)	ask hỏi, đặt câu hỏi	
やくに たつ(役に 立つ)	useful có ích	
うつす(写す)	copy chép, chụp lại	友だちの ノートを 写す
はる(貼る)	stick dán	切手/シール(stamp/sticker / tem / hình dán)を はる かべに ポスターを はる
ぬる(塗る)		バターを ぬる spread butter / phết bơ 色を ぬる color / tô màu
できる	be finished, be ready có thể, được rồi, hoàn thành	ごはんが できた。 Dinner has been prepared. / Cơm chuẩn bị xong rồi. テストが できた。 I did well on my test. / Tôi làm tốt bài kiểm tra. 新しい 店が できた。 A new store has been opened. / Một cửa tiệm mới mở.

かくにんしましょう

わたしの 勉強(べんきょう)の 仕方(しかた) my way of studying / Cách học của tôi

・ノートの **やくに たつ** ことばに 色(いろ)を **ぬります。**

・おぼえたい ことばを 紙(かみ)に 書(か)いて、かべに **はります。**

れんしゅう 1・2・3・4から いちばん いい ものを ひとつ えらんで ください。

もんだい1 （　　）に なにを いれますか。

①（　　　）サラダは れいぞうこに 入れて おきます。

1 のこった　　2 たりた　　3 たりない　　4 うつした

② 子どもたちは シールが すきで、いろいろな ものに （　　　） います。

1 はって　　2 はいて　　3 ぬって　　4 うつして

もんだい2 ＿＿の ぶんと だいたい おなじ いみの ぶんは どれですか。

③ 千円で 買いものを して、百円 あまりました。

1 九百円の 買いものを しました。

2 千円の 買いものを しました。

3 千百円の 買いものを しました。

4 百円 足りなかったので、買いものは できませんでした。

もんだい3 つぎの ことばの つかいかたで いちばん いい ものは どれですか。

④ ぬる

1 かべに ポスターを ぬります。

2 はがきに 切手を ぬります。

3 パンに ジャムを ぬります。

4 駅前で ティッシュペーパーを ぬります。

(答(こた)えは 87 ページ)

83ページの答(こた)え：もんだい1ー①3 ②3 もんだい2ー③3 もんだい3ー④1

5日目　きっと・やっと・ずっと

Q.（　）に入(はい)るのは？
（　　）N4の試験(しけん)に合格(ごうかく)した。

おぼえましょう　副詞(ふくし)　Adverbs / Phó từ

きっと	surely, probably chắc chắn	きっと ごうかくするでしょう。 You will surely pass. / Chắc chắn sẽ đậu thôi.
やっと	finally cuối cùng thì	やっと バスが 来(き)た。 The bus has finally arrived. / Cuối cùng thì xe buýt cũng đến.
ずっと	① way too far, much more hơn hẳn ② throughout, keep doing suốt, mãi	① 弟(おとうと)は 私(わたし)より ずっと せが 高(たか)い。 ② 妹(いもうと)は 朝(あさ)から ずっと 勉強(べんきょう)して いる。
さっき	just a moment ago lúc nãy	さっき 母(はは)から 電話(でんわ)が ありました。
さいきん(最近)	recently, lately gần đây	さいきん、いそがしいです。
もうすぐ	soon sắp sửa	もうすぐ 国(くに)へ 帰(かえ)ります。
かならず(必ず)	absolutely, certainly nhất định	明日(あした) かならず 来(き)て ください。 Please be sure to come tomorrow. / Ngày mai nhất định hãy đến nhé.
たいてい	mostly, usually thường thì, phần lớn	たいてい 6時(じ)に 起(お)きます。 I usually get up at six. / Thường thì tôi thức dậy lúc 6 giờ.
ずいぶん	pretty, quite hẳn, nhiều, rất	ずいぶん あたたかく なって きた。 It has become quite warm. / (Thời tiết) Đã trở nên ấm lên nhiều.
やっぱり	just as I thought đúng là, quả thật	おいしそうだと 思(おも)って 食(た)べたら、 やっぱり おいしかった。 ＝やはり ※やはり is a bit of a stiff expression / * “やはり” là cách diễn đạt hơi trịnh trọng một chút.

こんな使(つか)い方(かた)もあります

「やっぱり」は、考(かんが)えが　かわった　ときにも　使(つか)います。

かくにんしましょう

れんしゅう 1・2・3・4から いちばん いい ものを ひとつ えらんで ください。

もんだい1 （　　）に なにを いれますか。

① （　　　）、リーさんは 学校に 来ません。

1 さっき　　2 やっと　　3 もうすぐ　　4 さいきん

② たろうちゃん、（　　　） 大きく なりましたね。

1 ずいぶん　　2 だいたい　　3 たいてい　　4 ずっと

もんだい2 ＿＿の ぶんと だいたい おなじ いみの ぶんは どれですか。

③ 父は あさ おきたら、かならず ジョギングを します。

1 父は あさ ときどき ジョギングを します。

2 父は あさ たいてい ジョギングを します。

3 父は あさ ぜんぜん ジョギングを しません。

4 父は あさ いつも ジョギングを します。

もんだい3 つぎの ことばの つかいかたで いちばん いい ものは どれですか。

④ やっぱり

1 この 店の ラーメンは にんきが あって、やっぱりですね。

2 べんきょうしなかったから、やっぱり テストは できませんでした。

3 外は あつかったから、シャワーを あびて、やっぱり しましょう。

4 ごはんは やっぱり あるから、えんりょしないで 食べてね。

（答えは 89 ページ）

85 ページの答え：もんだい1ー①1　②1　もんだい2ー③1　もんだい3ー④3

第五週

第5週 ことばを勉強しましょう②

6日目 なくす・さがす・みつける

Q.（　）に入るのは？
パスポートを
（　　）しまいました。

おぼえましょう 自動詞と 他動詞 Intransitive and transitive verbs / Tự động từ và tha động từ

おとす（落とす）	drop đánh rơi, làm rớt	さいふを **おとす**
おちる（落ちる）	fall, drop rơi, rớt	さいふが **おちる** ＊試験に **おちる** fail a test / thi rớt
こわす（壊す）	break làm hỏng, phá hư	スマホを **こわす**
こわれる（壊れる）	be broken bị hỏng, bị hư	スマホが **こわれる**
なくす（無くす）	lose làm mất	パスポートを **なくす**
なくなる（無くなる）	disappear, be lost mất đi	パスポートが **なくなる**
みつける（見つける）	find tìm ra, phát hiện	仕事を **見つける**
みつかる（見つかる）	be found bị phát hiện, được tìm thấy	なくした 物が **見つかる**
ひろう（拾う）	pick up nhặt, lượm	おちて いる 物を **ひろう** pick up something that has fallen / nhặt đồ bị rơi
さがす（探す）	search for tìm kiếm (việc làm, vật gì muốn tìm thấy)	（仕事や ほしい 物）を **さがす**
さがす（捜す）	look for tìm kiếm (người , vật gì bị mất)	（なくした 物や 人）を **さがす**
たいせつな（大切な）	important, valuable, precious quan trọng	**大切な** 物 **大切に** する take good care of / giữ gìn cẩn thận

会話の ことばを おぼえましょう

たいへん！	Oh no!, There's trouble! / Thôi rồi! / Thôi chết!
いけない！	This won't do!/Oops! / Không được rồi!
どうしよう！	What should I do? / Làm sao đây!
あ、あった！	Ah, here it is!/Found it! / A, có rồi!
よかったね！	Thank goodness!/Good for you! / Tốt rồi nhỉ! / May quá nhỉ!

かくにんしましょう

れんしゅう　1・2・3・4から　いちばん　いい　ものを　ひとつ　えらんで　ください。

第五週

もんだい1　（　　）に　なにを　いれますか。

① いなくなった　子どもが　（　　　）、あんしんしました。

1　みつかって　2　さがして　3　ひろって　4　おとして

② ゲームを　かして　あげるけど、（　　　）　くださいね。

1　おちないで　2　こわさないで　3　さがさないで　4　なくならないで

もんだい2　＿＿の　ぶんと　だいたい　おなじ　いみの　ぶんは　どれですか。

③ だれかが　わたしに　きっぷを　見せて、「おちましたよ。」と　言いました。

1　わたしは　きっぷを　なくして　しまいました。

2　わたしは　きっぷを　おとして　もらいました。

3　わたしは　きっぷを　ひろって　もらいました。

4　わたしは　きっぷを　さがして　もらいました。

もんだい3　つぎの　ことばの　つかいかたで　いちばん　いい　ものは　どれですか。

④ みつける

1　かぎが　ないので、みつけて　います。

2　友だちが　アルバイトを　みつけて　くれました。

3　うちの　ネコが　ゆうべから　みつけて　いません。

4　駅の　入口で　３時に　みつけて　います。

（答えは 92 ページ）

87 ページの答え：もんだい1ー①4　②1　もんだい2ー③4　もんだい3ー④2

7日目　まとめ問題

Review Test /
Bài tập tổng hợp

時間：20分
1問5点×20問

点数
／100

（答えは別冊 p. 4）

もんだい1　（　　）に　なにを　いれますか。1・2・3・4から　いちばん　いい　ものを　ひとつ　えらんで　ください。

1　せんたくきに　せんざいを　（　　　）。

1　はいります　　2　いれます　　3　でます　　4　だします

2　駅の　前に　スーパーが　（　　　）。

1　できました　　2　たてました　　3　うまれました　　4　つくりました

3　パンに　バターを　（　　　）　たべます。

1　かけて　　2　ぬって　　3　つかって　　4　ねって

4　まだ、しごとが　（　　　）いますから、さきに　かえって　ください。

1　のこって　　2　おわって　　3　あまって　　4　やって

5　（　　　）、つぎの　バスに　のれますよ。

1　のぼれば　　2　おどれば　　3　できれば　　4　はしれば

6　よく　べんきょうしたから、今年は　（　　　）　ごうかくするでしょう。

1　ずっと　　2　やっと　　3　きっと　　4　もっと

7　「あ、けしゴムが　（　　　）よ。はい。」「ありがとう。」

1　きえた　　2　こわした　　3　おとした　　4　おちた

8　シートベルトを　して、（　　　）　うんてんを　しましょう。

1　あんぜんな　　2　あぶない　　3　ざんねんな　　4　じょうぶな

9　かべに　ポスターを　（　　　）。

1　ぬります　　2　はります　　3　うつします　　4　おします

10　さいきん、てがみを　書く　人が　（　　　）。

1　はりました　　2　ふりました　　3　へりました　　4　ぬりました

もんだい2 ＿＿の ぶんと だいたい おなじ いみの ぶんが あります。1・2・3・4から いちばん いい ものを ひとつ えらんで ください。

11 どうろを わたった ところに びょういんが あります。

1 どうろの むこうに びょういんが あります。

2 どうろの こちらに びょういんが あります。

3 どうろを まがると びょういんが あります。

4 どうろが おわった ところに びょういんが あります。

12 どこで きっぷを おとしたか わかりません。

1 きっぷを だれが くれたか わかりません。

2 きっぷを さがした ところが わかりません。

3 きっぷを なくした ところが わかりません。

4 きっぷが おちたか どうか わかりません。

13 ここの 電気は じどうです。

1 ここの 電気は つけても けしても だいじょうぶです。

2 ここの 電気は つけたり けしたり しなくても いいです。

3 ここの 電気は つけたり けしたり しては いけません。

4 ここの 電気は ついたり きえたり できません。

14 アルバイトを さがして います。

1 アルバイトが したいです。

2 アルバイトを おとしました。

3 アルバイトを みつけません。

4 アルバイトは いけません。

15 道を まちがえました。

1 ただしい 道が できました。

2 ただしい 道を しらべました。

3 ただしい 道を しつもんしました。

4 ただしい 道を 行きませんでした。

もんだい３　つぎの　ことばの　つかいかたで　いちばん　いい　ものを　１・２・３・４から　ひとつ　えらんで　ください。

16　かぶる

1　りんごを　きらないで　そのまま　かぶります。

2　雨の日は　この　くつを　かぶります。

3　さむいから、けいとの　ぼうしを　かぶります。

4　はしると　コップの　水が　かぶります。

17　ずいぶん

1　こんなに　じゅんびすれば、もう　ずいぶんでしょう。

2　ずいぶん　６時に　おきますが、きょうは　８時まで　ねて　いました。

3　あしたは　ずいぶん　あめでしょう。

4　きのうは　ずいぶん　おそくまで　しごとを　しました。

18　ひろう

1　いそがしくて　とても　ひろって　しまいました。

2　あんな　ところに　かぎが　ひろって　いますよ。

3　しらない　人が　わたしの　さいふを　ひろって　くれました。

4　この　へやは　あかるいし、ひろって　いいですね。

19　うごく

1　しゃしんを　とりたいのに、この　子は　うごいて　こまります。

2　らいしゅう、となりの　まちへ　うごいて　いきます。

3　わたしの　ノートを　うごいて　いいですよ。

4　かいぎを　しますから、いすを　うごいて　ください。

20　あまる

1　時間が　あまったら、もういちど　チェックしましょう。

2　飲みものが　あまったら、買って　きます。

3　しごとが　あまったら、ねないで　やります。

4　むりして　食べないで　あまったら、いいよ。

89ページの答え（こた）：もんだい１－①１　②２　　もんだい２－③３　　もんだい３－④２

第6週

ことばを勉強しましょう③

Let's study vocabulary ③ / Hãy học từ vựng ③

第6週　ことばを勉強しましょう③

1日目　よてい・つごう・ばあい

おぼえましょう　まとめて おぼえましょう　Learn these all together / Hãy tóm lại và ghi nhớ

よてい(予定)	schedule dự định, kế hoạch	よていが ある／ない
つごう(都合)	convenience, circumstance điều kiện, sự thuận tiện	都合が いい be convenient / thuận tiện ↔ 都合が 悪(わる)い
ばあい(場合)	case trường hợp	…場合は …in the case, if… / trong trường hợp…., nếu….
よやくする(予約する)	reserve đặt chỗ	ホテルを よやくする
しらせる(知らせる)	tell, inform thông báo	新(あたら)しい 住所(じゅうしょ)を 知らせる
たのしむ(楽しむ)	enjoy thưởng thức	日本(にほん)の 生活(せいかつ)を 楽しむ ＊楽しみに する look forward to / Lấy làm vui / Mong đợi (được làm gì đó)
すぎる(過ぎる)	pass quá, qua	12時(じ)を すぎる past twelve o'clock / quá 12 giờ
とまる(止まる)	stop ngưng, dừng	車(くるま)が 止まる the car stops / chiếc xe dừng lại
とまる(泊まる)	stay over trọ, nghỉ lại	ホテルに とまる stay at a hotel / trọ ở khách sạn
まちあわせる (待ち合わせる)	＝まちあわせを する(待ち合わせを する)： やくそくを して、そこで 会(あ)う Make an appointment and meet there / hẹn và gặp ở đó	友(とも)だちと 駅(えき)で 待ち合わせて、食事(しょくじ)に 行(い)きます。 I'm going to meet with a friend at the station, and then we will go eat. Tôi hẹn gặp bạn ở nhà ga và đi dùng bữa.

話(はな)し方(かた)に 注意(ちゅうい)しましょう

・(友だちに) 悪(わる)いけど　おくれるよ。
・(先生に)　すみませんが、おくれます。

かくにんしましょう

れんしゅう　1・2・3・4から　いちばん　いい　ものを　ひとつ　えらんで　ください。

もんだい1　（　　）に　なにを　いれますか。

① 週まつは　何か　（　　　）が　ありますか。

　1　よやく　　　2　よてい　　　3　つごう　　　4　ばあい

② あした　雨の　（　　　）、しあいは　ありません。

　1　ばあい　　　2　天気　　　3　よてい　　　4　しんぱい

もんだい2　＿＿の　ぶんと　だいたい　おなじ　いみの　ぶんは　どれですか。

③ <u>みんなで　カラオケを　楽しみました。</u>

　1　みんなで　カラオケに　行くのを　たのしみに　して　います。

　2　みんなで　カラオケに　行って　たのしかったです。

　3　みんなで　カラオケに　行ったら、たのしいでしょう。

　4　みんなで　カラオケに　行くと、たのしいです。

もんだい3　つぎの　ことばの　つかいかたで　いちばん　いい　ものは　どれですか。

④ つごう

　1　あしたは　ちょっと　<u>つごう</u>が　わるいです。

　2　なんようびが　いちばん　<u>つごう</u>ですか。

　3　この　店は　ちかくて、いい　<u>つごう</u>です。

　4　バスより　車の　ほうが　ずっと　<u>つごう</u>です。

（答えは 97 ページ）

2日目　どの ぐらい？

Q.（　）に 入るのは？
せの 高さは
どの ぐらいですか。
160（　　）です。

おぼえましょう　まとめて おぼえましょう

Learn these all together
Hãy tóm lại và ghi nhớ

とぶ（飛ぶ）	fly bay	空を とぶ fly through the air / bay trên trời
とぶ（跳ぶ）	jump nhảy	なわとび jump rope / nhảy dây
つもる（積もる）	pile up chồng chất	ゆきが つもる snow accumulates / tuyết (phủ) đầy
たてる（建てる）	build, erect xây, dựng	家を 建てる build a house / xây nhà ＊家が たつ（建つ）
わく（沸く）	boil sôi lên	おゆが わく water comes to a boil / nước sôi lên ＊おゆを わかす（沸かす）
はらう（払う）	pay trả, thanh toán	やちんを はらう pay rent / trả tiền thuê nhà
メモする	take a note ghi chú	
ねだん（値段）	price giá cả	
クリーニングや（屋）	the cleaners tiệm giặt ủi	クリーニング dry cleaning / giặt, làm sạch
さかや（酒屋）	liquor store tiệm rượu	
（お）さけ（酒）	① alcohol / thức uống có cồn　② sake ＝日本酒 rice wine / rượu sakê	
グラム（g）	gram gram (g)	
センチ（cm）	centimeter centimét (cm)	
メートル（m）	meter mét (m)	
キロ（kg, km）	kilogram, kilometer kilogram (kg), kilomét (km)	

ことばを ふやしましょう　adjective→noun

重い→重さ　　大きい→大きさ　　高い→高さ
広い→広さ　　長い→長さ　　太い→太さ

かくにんしましょう

れんしゅう　1・2・3・4から　いちばん　いい　ものを　ひとつ　えらんで　ください。

もんだい１（　　）に　なにを　いれますか。

① おゆは　何分ぐらいで　（　　　）か。

1　わきます　　2　わかします　　3　たてます　　4　たちます

② この　スーツの　（　　　）は　１週間　かかります。

1　ねだん　　2　メモ　　3　やちん　　4　クリーニング

第六週

もんだい２　＿＿の　ぶんと　だいたい　おなじ　いみの　ぶんは　どれですか。

③ <u>電話ばんごうを　言いますから、メモして　ください。</u>

1　電話ばんごうを　言いますから、おぼえて　ください。

2　電話ばんごうを　言いますから、ノートを　ください。

3　電話ばんごうを　言いますから、チェックして　ください。

4　電話ばんごうを　言いますから、書いて　ください。

もんだい３　つぎの　ことばの　つかいかたで　いちばん　いい　ものは　どれですか。

④ たてる

1　この　いえは　父が　わかいとき　<u>たてました</u>。

2　駅の　ちかくに　新しい　コンビニが　<u>たてました</u>。

3　電車で　ずっと　<u>たてました</u>から、つかれました。

4　ごはんが　<u>たてました</u>よ。みんな、はやく　来て。

（答えは 99 ページ）

95 ページの答え：もんだい１ー ①2　②1　もんだい２ー ③2　もんだい３ー ④1

3日目　どうしたの？

おぼえましょう　状態や 状況を あらわす ことば

Words that express conditions or situations
Từ thể hiện trạng thái và tình trạng

におい	smell mùi	においが する
あじ（味）	taste, flavor vị, mùi vị, gia vị	味が する
おと（音）	sound, noise âm thanh	音が する
おれる（折れる）	be broken gãy	えだが おれて いる
われる（割れる）	crack, break bể, vỡ	まどガラスが われて いる
にげる（逃げる）	escape, run away trốn	どろぼうが にげた
つかまる（捕まる）	be caught bị bắt	どろぼうが つかまった
さわぐ（騒ぐ）	make a fuss ầm ĩ, làm ồn	人が さわいで いる
こまる（困る）	have a trouble, be puzzled lúng túng, gặp khó khăn	人が こまって いる
ぬれる（濡れる）	get wet bị ướt	道が ぬれて いる
ぬすむ（盗む）	steal trộm, ăn cắp	お金を ぬすむ
いじめる	bully bắt nạt	人を いじめる
ならす（鳴らす）	make sound, ring làm kêu, rung (chuông)	ベルを ならす
しんじる（信じる）	believe tin tưởng	人を しんじる

かくにんしましょう

れんしゅう 1・2・3・4から いちばん いい ものを ひとつ えらんで ください。

もんだい1 （　　）に　なにを　いれますか。

① 大切な　おさらが　（　　　）　しまいました。

1　おれて　　2　われて　　3　こわして　　4　なくして

② ダイヤモンドを　（　　　）　にげた　人は　もう　つかまりました。

1　ぬれて　　2　なれて　　3　ぬすんで　　4　ならして

もんだい2 ＿＿の　ぶんと　だいたい　おなじ　いみの　ぶんは　どれですか。

③ <u>だれも　わたしの　話を　しんじて　くれませんでした。</u>

1　みんなは　わたしが　ほんとうの　ことを　話したと　おもいました。

2　みんなは　わたしが　ほんとうの　ことを　話して　いないと　おもいました。

3　みんなは　わたしの　話を　ぜんぜん　聞いて　いませんでした。

4　みんなは　わたしの　話を　おもしろいと　おもいませんでした。

もんだい3 つぎの　ことばの　つかいかたで　いちばん　いい　ものは　どれですか。

④ さわぐ

1　あの　人は　いつも　ここに　<u>さわいで</u>　本を　読んで　います。

2　外で　だれかが　<u>さわいで</u>　います。

3　時間が　ありませんから、<u>さわいで</u>　ください。

4　電車が　来ますから、きいろい　せんまで　<u>さわいで</u>　ください。

（答えは 101 ページ）

97 ページの答え：もんだい1ー①1　②4　もんだい2ー③4　もんだい3ー④1

第六週

4日目　計画と 準備

Q.（　）に 入るのは？
テーブルの
まわりに いすを
（　　）ください。

おぼえましょう　まとめて おぼえましょう

Learn these all together
Hãy tóm lại và ghi nhớ

けいかく(計画)	plan kế hoạch	計画を 立てる make a plan / lập kế hoạch
じゅんび(準備)	preparation chuẩn bị	
かたち(形)	shape hình dạng, hình thức	色や かたちを くらべる compare colors or shapes / so sánh màu sắc và hình dạng
むかし(昔)	old days, long time ago ngày xưa	↔ いま(今) 今と むかし present and past / ngày nay và ngày xưa
ならべる(並べる)	arrange, put side by side sắp xếp, xếp	いすを ならべる
くらべる(比べる)	compare so sánh	
そだてる(育てる)	raise, grow nuôi, trồng	木を そだてる grow a tree / trồng cây ＊木が そだつ(育つ)
うえる(植える)	plant trồng	木を うえる
かざる(飾る)	decorate trang trí	花を かざる display flowers / trang trí hoa
うつす(移す)	move di chuyển, dời	いすを となりの 部屋に うつす。 Move a chair into the room next door / Dời ghế sang phòng bên cạnh.

ことばを ふやしましょう　かたち Shape / hình dạng

Noun	Adjective
まる（丸）○	まるい（丸い）
しかく（四角）□	しかくい（四角い）
さんかく（三角）△	~~さんかくい（三角い）~~

かくにんしましょう

れんしゅう 1・2・3・4から いちばん いい ものを ひとつ えらんで ください。

もんだい1 （　　）に　なにを　いれますか。

① この　ゲームは　白と　黒の　まるい　かたちの　ものを（　　　）あそびます。

1　くらべて　　2　しらべて　　3　ならべて　　4　かざって

② 今、出かける（　　　）を　して　いるから、もうちょっと　まって　ください。

1　けいかく　　2　じゅんび　　3　よてい　　4　つごう

第六週

もんだい2 ＿＿の　ぶんと　だいたい　おなじ　いみの　ぶんは　どれですか。

③ <u>先週に　くらべると、今週は　いそがしいです。</u>

1　先週より　今週の　ほうが　ひまです。

2　先週より　今週の　ほうが　いそがしいです。

3　先週も　今週も　いそがしいです。

4　先週も　今週も　いそがしくないです。

もんだい3 つぎの　ことばの　つかいかたで　いちばん　いい　ものは　どれですか。

④ かざる

1　かべに　日本の　ちずが　<u>かざって</u>　あります。

2　にわに　いろいろな　花が　<u>かざって</u>　あります。

3　たなに　にんぎょうが　<u>かざって</u>　あります。

4　まどに　カーテンが　<u>かざって</u>　あります。

（答えは 103 ページ）

99 ページの答え：もんだい1ー①2　②3　もんだい2ー③2　もんだい3ー④2

5日目 おいわい・おみまい・あんない

Q.（　）に入(はい)るのは？
入院(にゅういん)している友(とも)だちの
（　　）に行(い)く。

おぼえましょう　おつきあいの ことば　Words for socializing / Từ giao tiếp

あんないする（案内する）	guide hướng dẫn, giới thiệu	
おいわい（お祝い）	celebration chúc mừng	
おみまい（お見舞い）	visiting someone who is sick thăm bệnh	
うまれる（生まれる）	be born chào đời, được sinh ra	↔ しぬ（死ぬ）die / chết
なくなる（亡くなる）	die, pass away chết, ra đi	
つとめる（勤める）	…に つとめる work for … / làm việc tại….	
ひっこす（引っ越す）	move chuyển nhà	
とどく（届く）	arrive, reach (hành lý, thư) được phát đến	にもつが とどく
はたち（二十歳）	twenty years old 20 tuổi	はたちの おいわい
おれい（お礼）	gratitude, thanks cảm ơn, đáp lễ	
かんけい（関係）	relation mối quan hệ	仕事(しごと)の かんけい 子(こ)どもの 学校(がっこう)の かんけい

会話表現(かいわひょうげん)

ごめんください。	Hello? Is anybody home? / Xin lỗi!
けっこうです。	No, thank you.; I'm OK, thank you. / Được rồi. / Đủ rồi.
おきのどくに（お気の毒に）。	I'm sorry to hear that. / Thật tội nghiệp!
よろこんで（喜んで）。	My pleasure. / Thật vui mừng
ひさしぶり。	Long time, no see. / Lâu ngày không gặp.
おかげさまで（お陰さまで）。	Thanks to you. / Nhờ trời / Ơn trời
おだいじに（お大事に）。	Please take care of yourself. / Giữ gìn sức khỏe nhé! (thường nói với người ốm)

かくにんしましょう

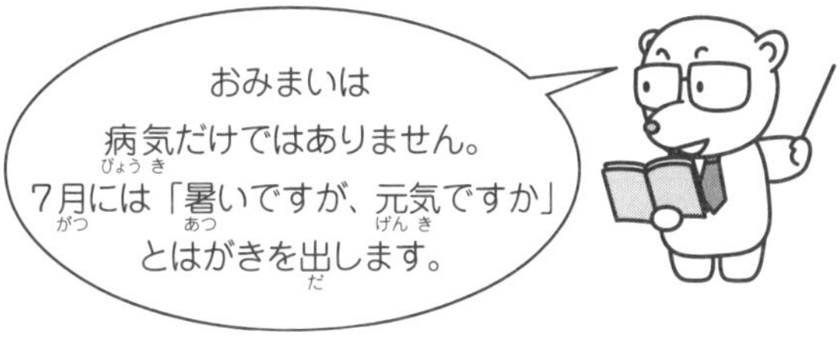

れんしゅう 1・2・3・4から いちばん いい ものを ひとつ えらんで ください。

もんだい1 （　　）に　なにを　いれますか。

① 兄は　コンピューターの　かんけいの　会社に　（　　　）います。

1　はらって　　2　はたらいて　　3　しごとをして 4　つとめて

② 来週、学校の　ちかくに　（　　　）　よていです。

1　とどく　　2　ひっこす　　3　うつす　　4　うまれる

もんだい2 ＿＿の　ぶんと　だいたい　おなじ　いみの　ぶんは　どれですか。

③ おいわいの　おれいの　はがきを　出しました。

1　おいわいを　ありがとうと　はがきに　書いて　おくりました。

2　おいわいに　おめでとうと　はがきに　書いて　おくりました。

3　おいわいを　とどけると　はがきに　書いて　おくりました。

4　おいわいは　いらないと　はがきに　書いて　おくりました。

もんだい3　つぎの　ことばの　つかいかたで　いちばん　いい　ものは　どれですか。

④ おみまい

1　もうすぐ　むすめの　はたちの　おみまいです。

2　かぞくが　日本に　来たら、おみまいします。

3　おみまいに　花を　買って　行きます。

4　たんじょうびの　おみまいに　カードを　書きます。

（答えは 105 ページ）

101 ページの答え：もんだい1－①3　②2　もんだい2－③2　もんだい3－④3

第六週

第6週　ことばを勉強しましょう③

6日目　ていねいな 話し方

Q.（　）に 入るのは？
私が 作った 料理です。
たくさん（　　　）
ください。

おぼえましょう　敬語　Polite speech / Kính ngữ

ていねいな（丁寧な）	polite / lịch sự
そんけいする（尊敬する）	admire, respect, look up to / tôn kính
えんりょする（遠慮する）	hesitate, decline from doing something / ngại, ngần ngại

尊敬語 honorific language / từ kính ngữ

おいでになる	（行く／いる／来る）
ごらんになる（ご覧になる）	（見る）
おっしゃる	（言う）
めしあがる（召し上がる）	（食べる）

謙譲語 humble language / từ khiêm nhường

おまちする（お待ちする）	（待つ）
まいる（参る）	（行く・来る）
もうす（申す）	（言う）
うかがう（伺う）	（聞く ask, listen / hỏi, nghe ・ 訪問する visit / thăm viếng）
はいけんする（拝見する）	（見る）
いただく（頂く）	（もらう・食べる）

かくにんしましょう

れんしゅう 1・2・3・4から いちばん いい ものを ひとつ えらんで ください。

もんだい1 （　　）に なにを いれますか。

① はじめまして、山田と （　　　）。

1　ございます　2　まいります　3　もうします　4　おっしゃいます

②「しつれいします。きっぷを （　　　）。…ありがとう　ございました。」

1　はいけんします　　　2　うかがいます

3　ごらんになります　　4　おまちします

もんだい2 ＿＿の ぶんと だいたい おなじ いみの ぶんは どれですか。

③ 社長、田中さまが　おいでに　なりました。

1　社長、田中さまが　いらっしゃいました。

2　社長、田中さまが　おっしゃいました。

3　社長、田中さまが　めしあがりました。

4　社長、田中さまが　まいりました。

もんだい3 つぎの ことばの つかいかたで いちばん いい ものは どれですか。

④ えんりょする

1　えんりょして　しけんは　ぜんぜん　できませんでした。

2　えんりょして　おかしを　あまり　いただきませんでした。

3　わたしは　あの　先生を　とても　えんりょして　います。

4　これと　あれと　どちらが　いいか　えんりょして　います。

(答(こた)えは 108 ページ)

103ページの答(こた)え：もんだい1ー①4　②2　もんだい2ー③1　もんだい3ー④3

第六週

7日目 まとめ問題（もんだい） Review Test / Bài tập tổng hợp

点数（てんすう） ／100

時間（じかん）：20分（ぷん）
1問（もん）5点（てん）× 20問（もん）

（答（こた）えは別冊（べっさつ）p. 4）

もんだい1 （　）に なにを いれますか。1・2・3・4から いちばん いい ものを ひとつ えらんで ください。

1 「おなかが すきましたね。」「あ、もう 12時を （　　）います。」

1 すぎて　2 すいて　3 なって　4 とおって

2 にわに 木を （　　）。

1 たてます　2 うえます　3 そだてます　4 のぼります

3 「あした えいがに 行きませんか。」「あしたは （　　）が わるいです。」

1 ばあい　2 つごう　3 きぶん　4 よてい

4 「何でしょう。みんなが （　　） いますね。」「かじですよ。」

1 すわって　2 さわって　3 さわいで　4 いじめて

5 大学に ごうかくした （　　）に かばんを もらいました。

1 おいわい　2 おれい　3 おみまい　4 かんけい

6 その かさは （　　） いますから、つかえません。

1 われて　2 おれて　3 ぬれて　4 なれて

7 おゆが（　　）、この やさいを 入れてください。

1 わいたら　2 かけたら　3 われたら　4 たてたら

8 「かぜは どうですか。」「（　　） だいぶ よく なりました。」

1 ひさしぶりに　2 よろこんで　3 おきのどくに　4 おかげさまで

9 たいせつな ノートを なくして （　　） います。

1 しんじて　2 つかまって　3 こまって　4 たのしんで

10 （　　）は よく おさけを 飲みましたが、今は あまり 飲みません。

1 むかし　2 おかし　3 さっき　4 さいきん

もんだい2　＿＿の　ぶんと　だいたい　おなじ　いみの　ぶんが　あります。1・2・3・4から　いちばん　いい　ものを　ひとつ　えらんで　ください。

11　大学に　つとめて　います。

1　大学で　べんきょうして　います。

2　大学で　しごとを　さがして　います。

3　大学で　はたらいて　います。

4　大学に　すんで　います。

12　先生から　うかがいました。

1　先生から　聞きました。

2　先生から　しつもんしました。

3　先生から　会いに　来ました。

4　先生から　話が　ありました。

13　せんたくが　おわると、チャイムが　なります。

1　せんたくが　おわると、おとが　聞こえなく　なります。

2　せんたくが　おわると、チャイムが　しらべます。

3　せんたくが　おわると、せんたくきが　とまります。

4　せんたくが　おわると、チャイムで　しらせます。

14　あの　人は　車を　ぬすみました。

1　あの　人は　だれかの　車を　とりました。

2　あの　人は　だれかに　車を　かりました。

3　あの　人は　だれかに　車を　かしました。

4　あの　人は　だれかに　車を　もらいました。

15　ねだんを　くらべます。

1　ならべて　どれが　いいか　見て　みます。

2　ねだんが　いくらか　きいて　みます。

3　大きさや　いろを　チェックします。

4　どれが　高いか　安いか、しらべます。

もんだい3　つぎの　ことばの　つかいかたで　いちばん　いい　ものを　1・2・3・4から　ひとつ　えらんで　ください。

16　まちあわせる

1　かぞくに　友だちを　まちあわせます。

2　つぎの　駅で　ちかてつに　まちあわせます。

3　駅の　前の　コーヒーショップで　まちあわせます。

4　駅の　人に　電車の　時間を　まちあわせます。

17　つもる

1　ことしは　N4の　しけんを　うける　つもります。

2　冬に　なると、ここは　ゆきが　つもります。

3　本を　買いたいので、毎日　百円　つもります。

4　この　えいがは　とても　つもります。

18　そだてる

1　みんなで　うえた　木が　大きく　そだてて　います。

2　たまごを　そだてて、その　中に　さとうと　バターを　入れます。

3　みなさんは　ネコに　どんな　食べものを　そだてて　いますか。

4　母は　にわで　花を　そだてて　います。

19　とどく

1　きのう　りょうしんから　てがみが　とどきました。

2　にもつを　とどきましたが、だれも　いなかったので、もって　かえりました。

3　3ばんせんに　東京行きの　電車が　とどきました。

4　しらない　人に　なまえを　よばれて、とても　とどきました。

20　めしあがる

1　外は　さむいですから、どうぞ　中に　めしあがって　ください。

2　すてきな　コートを　めしあがって　いらっしゃいますね。

3　わたしの　国でも　なまの　魚を　めしあがって　います。

4　えんりょしないで　めしあがって　ください。

105ページの答え（こた）：もんだい1ー①3　②1　もんだい2ー③1　もんだい3ー④2

漢字さくいん Kanji Index / Danh mục Hán tự

10画

11画

12画

13画

14画

15画

16画

17画

18画

ことば さくいん Vocabulary Index / Danh mục Từ vựng

イラスト　花色木綿
翻訳　Red Wind（英語）
NGUYEN DO AN NHIEN（ベトナム語）
Max Daniel Silveira de Freitas（ポルトガル語）
Hayu Sayektiningati（株式会社シーオーエス）（インドネシア語）
ラマ 美弥（ネパール語）
斎藤 海（タガログ語）
Risingsun Sri Lanka (Pte.) Ltd.　A.T. Bandara（シンハラ語）
MAY MYAT MON（ミャンマー語）
編集・DTP　有限会社ギルド／株式会社明昌堂
装丁　岡崎裕樹
印刷・製本　日経印刷株式会社

「日本語能力試験」対策
日本語総まとめ N4 漢字・ことば［多言語対応版］

2017年 5月15日　初版　第1刷発行
2023年 7月25日　多言語対応版　第1刷発行
2025年 9月29日　多言語対応版　第5刷発行

著　者　佐々木仁子・松本紀子
発　行　株式会社アスク
〒162-8558 東京都新宿区下宮比町 2-6
発行人　天谷修身

　ISBN978-4-86639-649-1

書籍に関するお問い合わせ
PC https://ask-books.com/support/　Smartphone

「日本語能力試験（JLPT）」対策

日本語総まとめ N4

NIHONGO SO-MATOME

かんじ
ことば

解答・解説

answers, explanations
Đáp án - Giải thích

こちら側に引っ張って切り離してください。

ask

第1週　まとめ問題（p. 26）

もんだい1

1　2　こんや
2　1　にもつ
3　1　くらい
4　3　しょうせつか
5　2　きょねん
6　3　つよい
7　1　ひくい
8　4　うんてん
9　3　たいふう
10　3　うごかないで

もんだい2

11　1　建(た)てられました
12　4　冬休(ふゆやす)み
13　4　町(まち)
14　1　大使館(たいしかん)
15　3　夜(よる)
16　3　市民(しみん)
17　4　使(つか)う
18　3　台(だい)
19　2　品(ひん)
20　1　回(まわ)ります

第2週　まとめ問題（p. 42）

もんだい1

1　2　わふく
2　3　ちかてつ
3　4　けいかく
4　2　ようじ
5　4　でんち
6　3　ちゅうい
7　2　かお
8　1　しかた
9　2　おもい
10　2　いけん

もんだい2

11　1　始(はじ)まります
12　2　知(し)らせて
13　1　池(いけ)
14　3　研究(けんきゅう)
15　1　工業(こうぎょう)
16　2　起(お)こします
17　3　以内(いない)
18　1　終(お)わります
19　3　音(おと)
20　2　軽(かる)い

第3週　まとめ問題（p. 58）

もんだい1

1　2　つごう
2　1　はたらいて
3　2　くすり
4　1　ただしい
5　3　きょうしつ
6　1　しゅくだい
7　3　おみやげ
8　3　じゆう
9　2　へやじゅう
10　4　しょうがつ

もんだい2

11　3　問題（もんだい）
12　1　不便（ふべん）
13　4　走（はし）らないで
14　2　借（か）りて
15　3　声（こえ）
16　4　お待（ま）ち
17　3　切（き）れます
18　1　急（いそ）いで
19　2　親切（しんせつ）
20　1　自動（じどう）

第4週　まとめ問題（p. 74）

もんだい1

1　4　うれしい
2　2　ふいて
3　3　はきかえて
4　2　ついた
5　3　むり
6　2　あびます
7　1　きびしい
8　4　なれました
9　3　かける
10　1　むかえに

もんだい2

11　1　じしょを　ひく
→じしょで　しらべる
12　2　ガラスを　みがく
→ガラスを　きれいに　する
13　3　めずらしい→すくない
14　1　しかたがない
→出（で）かけたくないが、行（い）く
15　2　きもちわるい
→いやな　きもちに　なる

もんだい3

16　1　2は「思（おも）い出（だ）します」3は「思（おも）います」4は「思（おも）い出（だ）しました」
17　1　2は「まがって」3は「まわして」4は「わたって」
18　3　1は「ひやします」2は「みがきます」4は「あらいます」
19　2　1は「むだ」
20　1　2は「あつい（厚い）」3は「くらい」4は「ふかい」

第5週　まとめ問題（p. 90）

もんだい1

1　2　いれます
2　1　できました（2と4は「スーパーを」）
3　2　ぬって
4　1　のこって
5　4　はしれば
6　3　きっと
7　4　おちた（3は「けしゴムを」）
8　1　あんぜんな
9　2　はります
10　3　へりました

もんだい2

11　1　…を　わたった　ところ
→…の　むこうに
12　3　おとした→なくした
13　2　じどう→つけたり　けしたり
しなくて　いい
14　1　さがす→アルバイトが
したいから　さがす
15　4　道(みち)を　まちがえる
→ただしい　道(みち)を　行(い)かない

もんだい3

16　3　1は「かじります」2は「はきます」
4は「こぼれます」
17　4　1は「じゅうぶん」2は「たいてい」
3は「たぶん」など
18　3　1は「つかれて」2は「おちて」
4は「ひろくて」など
19　1　2は「ひっこして（p. 102）」3は
「うつして」4は「ならべて」など
20　1　2は「たりなかったら」3は「おわら
なかったら」4は「のこしたら」など

第6週　まとめ問題（p. 106）

もんだい1

1　1　すぎて
2　2　うえます
3　2　つごう
4　3　さわいで
5　1　おいわい
6　2　おれて
7　1　わいたら
8　4　おかげさまで
9　3　こまって
10　1　むかし

もんだい2

11　3　…に　つとめる→…で　はたらく
12　1　うかがう→聞(き)く
13　4　チャイム（chime）が　なる
→チャイムで　しらせる
14　1　ぬすむ→だれかの　車(くるま)を　とる
15　4　ねだんを　くらべる
→どれが　高(たか)いか　安(やす)いか、しら
べる

もんだい3

16　3　1は「しょうかいします」
2は「のりかえます」
4は「聞(き)きます」
17　2　1は「つもりです」
3は「ちょきんします」
4は「つまらないです」
18　4　1は「そだって」3は「やって」
19　1　2は「とどけました」
3は「着(つ)きました」
4は「おどろきました」
20　4　3は「食(た)べて」